十项全能训练丛书

卓越提升篇

管理人员
十项全能训练 Ⅲ

著名营销教练
实战培训专家 肖建中 著

凝聚10年管理实战精华
{打造卓有成效的管理者}

图书在版编目(CIP)数据

管理人员十项全能训练Ⅲ／肖建中著．—北京：北京大学出版社，2006.1
（十项全能训练丛书）
ISBN 978-7-301-09718-2

Ⅰ．管… Ⅱ．肖… Ⅲ．企业领导学—基本知识 Ⅳ．F272.91

中国版本图书馆 CIP 数据核字(2005)第 109250 号

书　　　名：管理人员十项全能训练Ⅲ
著作责任者：肖建中 著
责 任 编 辑：何耀琴
标 准 书 号：ISBN 978-7-301-09718-2/F·1227
出 版 发 行：北京大学出版社
地　　　址：北京市海淀区成府路 205 号　100871
网　　　址：http://www.pup.cn　电子信箱：em@pup.pku.edu.cn
电　　　话：邮购部 62752015　发行部 62750672　编辑部 62752926　出版部 62754962
印　刷　者：北京宏伟双华印刷有限公司
经　销　者：新华书店
　　　　　　787 毫米×1092 毫米　16 开本　12.25 印张　169 千字
　　　　　　2006 年 1 月第 1 版　2007 年 3 月第 3 次印刷
定　　　价：29.00 元

未经许可，不得以任何方式复制或抄袭本书之部分或全部内容。
版权所有，侵权必究
举报电话：010-62752024　电子信箱：fd@pup.pku.edu.cn

"大量富于启发性的案例＋可直接操作的实战技巧＋完备的工作流程"是本书的三大核心卖点。"生动的语言＋活泼的版式"使您在享受阅读的同时，轻松参透管理的精髓。

本书从专业的角度将管理人员的基本功、必备技能和卓越提升三大内容，系统地归纳为管理人员应当修炼的"十项全能"。这样一本实用性极强的训练与操作手册，是所有致力于实现自我提升与超越的管理者们必备的案头枕边书。

内容提要

管理大师是怎样炼成的？

俗话说："穷人学手艺，富人学管理。"瞬息万变的商业环境，要求管理者必须能够顺势而动，熟练掌握各种管理技能，才能在复杂的社会竞争中安身立命、持续发展。

本丛书为你铺就了一条通向管理大师的成功之路，它由浅入深、循序渐进地阐述了管理人员应当训练的十项技能：

1. 角色定位技能。在激烈的市场竞争环境下，管理人员必须首先对自己的角色特征进行正确定位；对管理人员所需技能进行有效的训练和统筹，才能摆正位置、端正心态，明确自己的目标，面对压力而敢于挑战。

2. 时间管理技能。时间就是财富，效率就是生命。对于管理者来说，做时间的主人，根据自己的价值观和目标来管理时间，是一项非常重要的技能。它使管理者能控制生活，善用时间，朝自己预期的目标前进，而不致在忙乱中迷失方向。

3. 有效沟通技能。沟通是管理的灵魂。一名优秀的管理人员必须能够清晰地表达自己的分析与决策，同时能够引导员工的行为，提高员工的积极性。这一切的成功与否，都取决于管理者的沟通能力。

4. 绩效管理技能。绩效管理是管理者的二次创业，是一场战斗和管理的革命。要想在这场战斗中胜出，管理者除了要具备工作的热情和积极性外，更要有一套有说服力的管理方案来帮助自己。

5. 会议管理技能。会议是企业内部沟通的重要渠道之一。会议管理不仅是国内企业应该特别予以关注的管理环节，更是衡量企业管理者综合能力的标杆之一。

6．冲突管理技能。冲突管理的能力被认为是管理者事业成功的最重要因素之一。一位管理大师说："一名管理者如果具备了冲突管理的能力，也就掌握了化干戈为玉帛的艺术。"

7．团队建设技能。企业强大的竞争优势不仅体现在员工个人能力的卓越，更重要的是体现在团队合力的强大，体现在企业中无处不在的团队精神。如何让员工发挥出 1＋1＞2 的效率——这就是团队管理的精髓。

8．员工激励技能。领导艺术也就是激励的艺术。好的激励形式才能产生更高的效率。有效的激励有不同的方式——物质的、精神的、表扬的、批评的、提升的、降职的。不同激励方式的熟练运用，是提高生产效率的重要保证。

9．情绪管理技能。情绪管理被认为是企业获得成功的新秘诀。管理人员要做到：适时激发积极情绪，积极化解消极情绪，正确控制暴发情绪，善于诱导潜在情绪，努力培养持久情绪，使员工的工作效率达到最高。

10．危机管理技能。人无远虑，必有近忧。平时多一些危机意识，设想种种危机可能，制定种种危机应对策略，提高危机管理水平，在危机来临时才能够镇定从容，才能战胜危机。

作为一名管理者，工作之余作为消遣，床头灯下作为休息，读一读这样的书籍，想一想管理的道理，身心放松的同时你会忽然发现：管理原来是这样简单，久萦脑际的难题原来可以用这样的技巧轻松解决！

成为管理的大师，成为企业的栋梁！

你的收获，是我们最大的心愿！

肖建中
2005 年 9 月

目录

第一章　员工激励——让员工"跑"起来的学问　/1

● 探寻激励的源头　/3
　　激励的五大目的　/4
　　激励的六大作用　/6
　　探寻员工需求，实施有效激励　/9

● 物质激励——把钱花在刀刃上　/13
　　工资　/13
　　奖金　/16
　　福利　/21
　　实物　/24

● 精神激励——不花钱也能办好事　/26
　　成就激励　/26
　　参与激励　/28
　　人性激励　/31
　　竞争激励　/35
　　目标激励　/37
　　榜样激励　/40
　　荣誉激励　/41

● "软硬兼施"的综合激励制度　/43
　　物质精神两结合　/44
　　设立各种奖项　/46

教育培训激励　　　　　　　　　　　　/48
　　　旅游及专项活动　　　　　　　　　　　/50
● 四大类型员工的激励技巧　　　　　　　　　/51
　　　指挥型——实权在手　　　　　　　　　/52
　　　知识型——长期效应为主　　　　　　　/53
　　　实干型——目标激励为主　　　　　　　/56
　　　关系型——以情动人　　　　　　　　　/57
● 走出激励的五大误区　　　　　　　　　　　/58
　　　激励无关紧要　　　　　　　　　　　　/59
　　　激励＝奖励　　　　　　　　　　　　　/60
　　　金钱万能论　　　　　　　　　　　　　/62
　　　激励措施"一刀切"　　　　　　　　　　/64
　　　一劳永逸的激励机制　　　　　　　　　/65

第二章　情绪管理——打开心情的"枷锁"　　/67
● 何为情绪　　　　　　　　　　　　　　　　/69
　　　情绪的内涵　　　　　　　　　　　　　/70
　　　情绪的六大特性　　　　　　　　　　　/73
　　　情绪的影响力　　　　　　　　　　　　/75
● 情绪管理四步曲　　　　　　　　　　　　　/78
　　　让企业充满"情绪"　　　　　　　　　　/79
　　　掌控情绪之道　　　　　　　　　　　　/80
　　　培养情绪领导人　　　　　　　　　　　/85
　　　缓解情绪　　　　　　　　　　　　　　/87
● 情绪管理的四个途径　　　　　　　　　　　/89
　　　心灵管理——进行有效沟通　　　　　　/89

爱抚管理——为员工开展心理辅导 /92

发泄管理——给员工一个宣泄口 /95

快乐管理——提倡弹性工作方式 /98

● 激发正面情绪的四大方法 /100

适时激励 /101

善于包容 /103

加强情感交流 /105

激情、幽默的个性 /107

● 摆脱负面情绪的四个措施 /109

"挖出"负面情绪 /110

转移注意力 /112

强大的承受能力 /114

经常性的团队活动 /115

第三章 危机管理——处变不惊的艺术 /117

● 企业危机的六大类型 /118

人力资源危机 /120

产品危机 /123

财务危机 /125

媒体危机 /128

天灾 /131

人祸 /133

● 危机管理六原则 /134

预防为主 /135

公众利益至上 /136

主动面对 /138

快速反应　　　　　　　　　　　　　　　　　　/140
　　统一口径　　　　　　　　　　　　　　　　　　/143
　　真诚坦率　　　　　　　　　　　　　　　　　　/144
● **事前管理——居安思危，才能常胜不败**　　　　/146
　　培养危机意识　　　　　　　　　　　　　　　　/147
　　拟订危机计划　　　　　　　　　　　　　　　　/150
　　完善危机管理体制　　　　　　　　　　　　　　/154
　　进行危机培训　　　　　　　　　　　　　　　　/158
● **事中管理——快速反应，在黑暗中寻找光明**　　/160
　　监测与报告　　　　　　　　　　　　　　　　　/161
　　危机控制　　　　　　　　　　　　　　　　　　/163
　　加强沟通　　　　　　　　　　　　　　　　　　/166
● **事后管理——善始善终，转危为安**　　　　　　/170
　　危机后的恢复工作　　　　　　　　　　　　　　/171
　　危机后的再创业　　　　　　　　　　　　　　　/174
　　评价危机管理的效果　　　　　　　　　　　　　/176
　　将评价结果运用于实践　　　　　　　　　　　　/179

后　记　　　　　　　　　　　　　　　　　　　/183

第一章

员工激励——让员工"跑"起来的学问

在企业的具体管理中,经常发生很多令人深思的现象:过去一个小时能完成的事情,现在一天也完不成;以前布置的工作大家二话不说就是一个"干"字,现在却处处讲条件;以前干净的公共区域,现在却变脏了。

奖金本来是为了激励员工斗志和鼓舞员工积极性的,可上个月发了奖金却产生了纠纷,于是有的领导认为是员工产生了惰性,素质不行了,所以他们采取了训斥,甚至换人、换岗等方式。

其实,产生这些问题的真正原因不在员工,而在于管理者本身,因为是你的激励机制出现了问题,从而导致这些结果出现。

为什么这么说呢?激励应该是以满足员工的个人需要为出发点的,有的企业却为了激励而激励,根本没有考虑员工的真实需要。所以,即使给员工很多奖金,也仍然起不到激励的作用。

作为管理者,每天都有很多繁杂的事务、大量棘手的事情需要处理,能够有效激励员工,便是很大的成绩。

安利全球化战略实现的秘诀

作为国内唯一经国家三部委批准的直销公司，安利(中国)自1995年在广州经济技术开发区投资设立工厂以来，截至2001年7月，累计上缴国家及各地区税务局的税款超过17亿人民币。

谈到安利(中国)的成功，固然与它优异的产品质量、领先的科研能力和对社会的积极回报有关，更值得关注的是，安利有着骄人的销售人员激励制度，由此产生的销售人员忠诚度使安利的全球化市场战略的宏伟目标得以实现。

嘉奖——提升忠诚度

安利销售人员的嘉奖制度，是对优秀员工的激励制度。它帮助销售人员相信自我、挑战自我和成就自我，使得安利的骨干销售队伍固若金汤，由此提升了顾客满意度和忠诚度，从而使员工更加明白，努力工作是为了什么。

合理的奖金制度

安利针对销售人员设计的奖金制度，不仅更好地激发了销售人员的销售热情，同时也把安利和危害社会的非法传销"老鼠会"区分开来，在安利的制度下不可能一劳永逸或者不劳而获。

因此，员工的销售热情都得到了提高，业绩上升了，收入自然也提高了；反之，如果抱着拉人头的一劳永逸思想，收入就会下降，甚至没有收入可言。

花红的可世袭性

当你的业绩达到一定程度时，就可以享受世袭的管理花红。"前人栽树，后人乘凉"，安利公司很好地洞悉了中国人的心理。"以你为本，为你着想"，免除了销售人员的后顾之忧。

旅游研讨会

无论是享有"购物天堂"美称的香港，还是"欧洲之花"的巴塞罗那，都可以看见不同肤色的安利销售人员的身影。别小瞧这种境外旅游"贿赂"，它吸引了很多销售人员为之全身心地投入工作。

旅游形式的产品和销售技能研讨会，既丰富了知识，增加了阅历，又陶冶了情操，放松了身心。而在安利团队旅游中享受的那份"虚荣"，有着独自旅游无法体验的快乐。每个参加过这种活动的销售人员，回来后无不更加勤勉地工作。（摘自《中国经营报》，2002年7月23日，总第1462期）

企业的成功，仅仅依靠产品的品牌是不够的，全体员工的忠诚度常常像一只无形的手，左右着公司的业绩。而之所以产生忠诚度，与合理化、人性化的分配、嘉奖制度的出台是密切相关的。每家公司只有正视这个问题，更好地激励员工，才不会在市场竞争中处于劣势。

探寻激励的源头

激励，就是通过各种客观因素的刺激，激发员工的内在潜力，使员工感到"力有所用，才有所展，劳有所得，功有所奖"，始终处于一种兴奋状态，从而增强自觉努力工作的责任感。激励的各种方式见图1-1。

做好激励工作，要求管理人员具有一项重要的技能，即找到适当的刺激物，并作用于员工，对其进行激励，使其朝着特定的、理想的方向持续努力。

能否建立健全的激励机制，能否有效地激励每一个员工，将直接关系到一个部门和企业的发展。

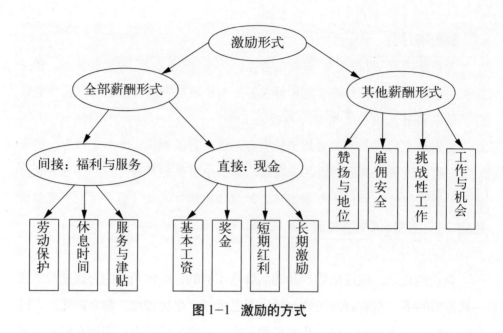

图1-1 激励的方式

⇨ 激励的五大目的

要让员工充分地发挥自己的才能努力去工作,就要把员工的"要我去做"变成"我要去做",实现这种转变的最佳方法,就是对员工进行激励。用激励的方式,而非命令的方式给员工安排工作,更能使员工体会到自己的成就感。

要进行科学的激励,使员工"跑"起来,首先应该了解激励的目的是什么。

● **实行激励机制,直接的目的是为了调动员工的工作积极性。**正确地引导员工的工作动机,让他们在情绪低落时获得振奋的力量,在实现组织目标的同时实现自身的需要,增加满意度,从而使员工的积极性和创造性继续保持和发扬下去。

● **激励机制的最终目的是为了实现组织目标。**要使组织利益和个人利益达到一致,企业需要有一个组织目标体系来引导个人努力的方向。

● **激励的用意,原本在于改善组织的气氛。**激励能使员工互相了解,保持稳定、协调的工作步伐，在合作中创造良好的绩效。然而，不平则鸣，不当的激励可能导致员工互相猜忌，甚至怨声载道，伺机破坏生产计划，反而得不偿失。

● **理论上讲，激励的目的是为了满足员工个人的需要。** 例如，得到物质待遇的需求、较强的工作认同需求、对权利的需求、得到晋升的需求等。

● **排除消极的因素。** 使员工永远保持奋发向上的精神，从而更好地完成工作任务。

激励往往与个体的愿望及在特定的工作条件下实现这些愿望的方式密切相关。可以说，在一定程度上，激励机制运用得好坏，是决定企业兴衰成败的一个重要因素。如何运用好激励机制，也就成为各个企业面临的一个十分重要的问题。

案例

最近，N公司员工的士气一直很低落，很多员工甚至常常请假办事。总经理觉得很奇怪，公司的条件比起同行来还是不错的，为什么他们好像不满的样子。

于是他找来人事部张经理，让他分析分析到底问题出在哪里。张经理说："老总，我上回不是跟您提过嘛，咱们公司有一年没加薪了，员工当然提不起劲了。当时，您正担心客户的事情，没把这事放在心上，现在也应该是实施的时候了。"

总经理一听，觉得很有道理。激励的目的不就是要调动员工的积极性吗，而且也确实到激励的时候了。正好马上就到月底了，他决定给员工们一个惊喜，每人工资根据业绩和平时表现上调15%，有的甚至高达30%。

发薪水那天，他注意到员工们都是笑容满面。接下来的一段时间，员工热情高涨，又恢复到之前的样子，为了公司的共同目标而努力拼搏。

这让他不得不再次感叹激励的重要性。

➡ 激励的六大作用

"玉不琢不成器。"这个"琢",就是一种激励。人皆有惰性,只有激励能让员工士气高昂,使之成为一个真正的人才! 有人说:"过度的压力,可以让天才变成白痴。适当的激励,却可能让白痴变天才。"这句话一针见血,道出了激励的力量。

的确,激励是一种神奇无比的力量,它能使你率领的团队实现你想要的任何目标和计划;它是企业得到更快发展的必要条件。管理工作唯一不变的真理,就是发挥员工的力量,减少其弱点。如果说取得成功有什么秘诀的话,那就是真诚地欣赏员工,唤起员工的渴望。

"你要勤于给'花草'施肥浇水,如果他们茁壮成长,你会有一个美丽的花园,如果他们不成材,就把它们剪掉,这就是管理需要做的事情。"这是GE公司原总裁韦尔奇先生对管理的理解。美国企业家艾柯卡也说:"企业管理无非就是调动员工积极性。"

两位管理巨头都认为,管理的重要功能就是激励,可见激励的重要性有多大,现在很多企业的管理人员已经越来越重视激励的作用了。

对企业来说,科学的激励制度至少具有以下六个方面的作用:

● **吸引优秀的人才到企业来**。在发达国家的许多企业中,特别是那些竞争力强、实力雄厚的企业,往往通过各种优惠政策、丰厚的福利待遇、快捷的晋升途径等,吸引企业需要的人才。

● **开发员工的潜在能力,促进在职员工充分发挥其才能和智慧**。美国哈佛大学的詹姆士(W. James)教授在对员工激励的研究中发现,按时计酬的分配制度仅能让员工发挥20%～30%的能力,如果受到充分激励的话,员工的能力可以发挥出80%～90%,两种情况之间60%的差距就是有效激励的结果。

● **留住优秀人才**。德鲁克认为,每一个组织都需要三方面的绩效:直接的成果、价值的实现和未来的人力发展。缺少任何一方面的绩效,组织都注定是失败的。因此，每一位管理者必须在这三个方面都作出贡献。其中，对"未来的人力发展"的贡献就在于激励工作是否到位。

● **营造良性的竞争环境**。科学的激励制度包含一种竞争精神，它的运行能够创造出一种良性的竞争环境，进而形成良性的竞争机制。在竞争性的环境中，员工会受到环境的压力，这种压力将转变为员工努力工作的动力。正如麦格雷戈所说："个人与个人之间的竞争，才是激励的主要来源之一。"

● **提高员工的工作绩效**。员工的工作绩效取决于他的能力和积极性及环境的影响。用公式表示，就是 $P=f[(A×M)×E]$。其中，A 表示能力，包括智力和体力；M 表示激励；E 表示环境；P 表示工作绩效，它是由工作能力 A、激励程度 M、环境影响 E 所构成的一个函数。显然，工作绩效将随着这三者的变化而变化。

● **通过激励可以搭建坚实的组织结构**。激励除了能为企业、员工、管理人员带来直接的好处之外，从公司的整体组织结构来看，激励还能为公司搭建坚实的组织结构。

企业通常都是金字塔形的结构，最高一层是决策层，中间是管理层，最基础的是员工的层面。按照内部结构的坚实性，企业的组织结构有金字塔和松糕两种结构之分。

松糕结构的企业上紧下松，管理人员由于不同的压力和原因，都非常勤恳、努力地工作，然而越往下则越不能达到工作的要求。员工不努力的主要原因，恰恰是没有受到管理人员的激励造成的。因此，激励还可以为公司搭建坚实的组织结构。

不懂激励的主管

小李出色地完成了任务，一回到办公室便高兴地对经理说："我有一个好消息，我跟了两个月的客户今天终于签约了，而且订单金额比预期的多 20%，这将是我们这个季度价值最大的订单。"

"是吗？好像你昨天还约了另一个客户，项目计划书送过去了吗？"本想表现一下的小李，没想到经理的反应会是这样，当时就瘪了，低头说："还没有。"这时经理严厉地说："快做，然后拿来让我看看，别耽误了。"小李垂头丧气地回答："好的。"

事后他想，我这么努力地苦干，又取得了本季度最佳的业绩，经理不但不表扬我，反而因我没来得及送项目计划书，就对我严加训斥，真是太没道理了。

这么一想，小李所有的雄心壮志顿时都给打了回去，甚至觉得没有必要再像以前那样积极努力地工作，反正干出的业绩再大，也都是白费力气，得不到经理的赞赏。

从上例我们可以看出，小李在寻求主管激励时，不仅没有得到主管的任何表扬，反而因没送项目计划书之事，受到严厉的训斥，使他的积极性受到了很大的挫伤。

温馨提示

员工的工作绩效是员工能力和受激励程度的函数。管理学家的研究表明，如果把激励制度对员工创造性、革新精神和主动提高自身素质的意愿的影响考虑进去的话，激励对工作绩效的影响就更大了。

如果管理人员不能满足员工被认可的心理，并进行激励，员工就不会有动力再继续积极努力地工作。其实，激励并非是一件难事，话语的认可或通过表情的传递，都可以满足员工被重视、被认可的需求，从而收到激励的效果。

就像日本教练在泳池里放鳄鱼来训练运动员一样。鳄鱼的嘴是捆着的，即便是这样，运动员看到鳄鱼在身后还是非常紧张，所以奋力地往前游，这样就得到更好的成绩，这就是企业在激励方面的作用。

⇨ 探寻员工需求，实施有效激励

员工的需要各种各样，因人而异，只有对人进行充分了解，才能增强激励的针对性。激励过程见图1-2。

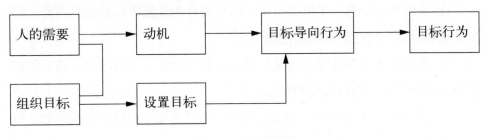

图1-2 激励过程

有的管理人员一厢情愿地认为："所谓激励就是我给员工什么。"而员工想要什么，他就不管了。管理人员如果不能在这一点上彻底醒悟过来，激励这项工作就不可能做好了。

其实，员工是带着自己的需要进入公司的，只有掌握了他们的需要，才能有效地调动其积极性。作为管理人员，如果你不能很自信地说出员工的需要是什么，那么，请从现在开始设法了解他们的需要，这是做好激励的前提条件(具体见图1-3)。

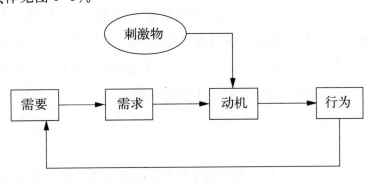

图1-3 激励机制

那么，如何了解和分析员工的需要呢？

1. 把握需要的类型

心理学家按照不同的方式划分出了不同类型的需要。

● 大家熟知的心理学家马斯洛将人的需要由低到高划分为生理、安全、社交、尊重和自我实现等五个层次。

● 双因素理论进一步把五个层次的需要分为保健因素和激励因素，提出要加强对高层次的激励因素的研究。

● 美国哈佛大学教授麦克里兰提出了有名的成就需要理论，将人的需要分为成就需要、情谊需要和权益需要。

激发人的动机并非易事，薪金、福利、退休方案等，这些东西只能使员工走进你的公司，但并不能保证他们为公司尽职尽责。管理人员可运用上述理论去掌握、分析员工的需要，从而做到心中有数、有的放矢。

温馨提示

激励对管理人员提出了更高的要求。一方面，要注意保健因素，并设法满足，防止产生不良情绪；另一方面，要通过丰富工作内容、扩大工作范围、委以重任等方式满足其内在需要，充分调动其积极性。

赫茨伯格劝告管理人员，要在"激励因素"上谋求改善，使员工的行为得到切实的激励。虽然不提供这些"激励因素"，员工也不会立刻产生不满的情绪。但有眼光的管理人员，不应该局限于在保健因素上做文章，因为消除不满本身并不能够起到激发员工努力工作的作用。

案例

王力是B公司的老总，每年的中秋节，他都会额外地给员工发放一笔千元左右的奖金。几年下来，他觉得这笔奖金正在丧失它的作用，员工在领取奖金时反应非常平和，就像是领取薪水一样自然，并且也没有人会为这份奖金而表现得特别努力。

> 眼看节日又要到了，王总想：既然奖金起不到激励作用，那么今年就停发吧，再说经济不景气，这样也可以减少公司的一部分开支。然而，停发的结果却大大出乎意料，员工都在抱怨王总的决定，有些员工情绪明显低落，工作效率也受到不同程度的影响。
>
> 王总很困惑：为什么有奖金的时候，没有人会为此而努力工作，但是取消奖金之后，大家却不约而同地指责抱怨，甚至消极怠工呢？

赫茨伯格认为，"满意"的对立面是"没有满意"而不是"不满意"；同样，"不满意"的对立面是"没有不满意"而不是"满意"。

在上面的情景中，王总给员工发放奖金，只是消除了员工在收入上的不满意因素，达到了没有不满意的状态，但并不代表员工对收入已经很满意，甚至愿意为了这个而更加努力地工作。但是，一旦停发奖金，员工走到了"没有不满意"的对立面，员工普遍感到不满意就不足为奇了。

2．认识主导的需要

不同的员工，其需要是不同的。例如：

- **年轻员工**：比较重视拥有自主权及创新的工作环境。
- **中年员工**：比较重视工作与私生活的平衡及事业发展的机会。
- **老年员工**：比较重视工作的稳定性及分享公司的利润。

这就要求管理人员要善于抓住主要矛盾，抓住员工的主导需要。否则，激励就是纸上谈兵、无的放矢。

> **案例**
>
> A工厂生产部的小王，人很聪明，又是名牌大学毕业，能说会道，生产的产品是部门中最棒的，得到本部门同事的尊重。但是，人事部李经理发现，最近小王的工作情绪不高，常常是完成了当天的份额后，就停下来休息，从来不求多干，而宁愿打打电话、聊聊天。批评他吧，他的任务又完成

了，不说吧，又总觉得哪不对劲。

最终，李经理还是决定找他了解情况。

谈话中，小王说自己目前的工资状况，不值得他付出更多的努力，而且自己的知识水平和经验，都要比其他人员高出许多，却完全感觉不到公司对他的重视，这一切都让他很气馁。

李经理了解这些情况后，首先用语言打动了小王，告诉他自己会把这一切处理好的，希望他能够更加努力。

果然，没过多久，小王就被升职为生产部副经理，主抓生产技术，工资也提高了不少。小王的积极性被彻底地调动了起来，每天起早贪黑，再没听到他抱怨什么。

当然对他的激励并不是这样就完了，工厂最近正在着手改革其激励机制，相信小王会和工厂一起成长得更快、更好。

上例说明，只有抓住了员工的主导需要，有针对性地进行激励，就像雪中送炭，能让员工从心底感到满意。

3. 区分不同的需要

我们曾经填过许许多多的表格，但是我们很少填过"我们到底需要什么"之类的表格。这不能不说是管理人员的一大疏忽。管理人员应该在本企业内搞一次全面的需要调查，把各种各样的需要进行分类（见表1-1）。

表1-1 需要的分类

类型	内容
合理的需要	马上能解决的需要：靠组织解决和组织帮助职工自力更生解决。 暂时还不能解决的需要：做好解释工作，说明道理，创造条件逐步解决。
不合理的需要	进行教育引导，使之逐步向合理化的需要转化。

4．正确引导员工的需要

诚然，人的需要是无限的，也是良莠不齐的。因此，有必要对员工的需要进行正确引导，使员工树立正确的"需要观"。具体地讲，可以把引导员工树立正确需要的工作概括为"四应"：

- 个人的需要应适应社会的需要；
- 个人的需要应符合企业发展的目标；
- 个人的需要应考虑环境的影响和客观条件的可能；
- 个人的需要应考虑到本身的能力。

物质激励——把钱花在刀刃上

物质需要是人类的第一需要，是人们从事一切社会活动的基本动因。古语云："军无财，士不来；军无赏，士不往。"金钱及个人奖酬是使员工努力工作的重要因素，企业要想提高员工的工作积极性，离不开经济性报酬。

研究证明：以金钱作为刺激物能使生产水平提高30%，在所有激励方式中提高幅度最大。但这并不是要求管理者仅仅注重金钱因素，而只是说明金钱确实是一种重要的激励手段。

物质激励通过满足员工个人物质利益的需求，以激发他们的积极性和创造性。其内容包括工作所提供的薪酬、福利、住房补贴等，管理人员可以通过将工作成绩与经济报酬挂钩等方式，实现对员工的物质激励。

◇ 工资

在市场环境不断变化的今天，各种制度变革和管理创新也在所难免。随着企业战略的调整及管理的变革，企业最难解决的问题就在于调整薪资结构，而改变薪资制度对于任何规模的企业来说，都是一件危险而困难的工作。

获得更多的物质利益是员工的共同愿望，它决定着员工基本需要的满足情况。运用好物质激励，首先要有合理的薪资制度。薪资制度的设计要点在于："对内具有公平性，对外具有竞争力。"管理人员要以实事求是的科学方法进行设计，而不是拍脑袋随意而定。

> **案 例**
>
> G公司新来了一位老总姓张，他原来所在的公司，实施的是浮动工资体系，他觉得挺好，于是上任后立即仿效。他把原来的总工资一分为二，70%固定给员工，30%作为浮动，完成了业绩指标的才发给另外的30%。
>
> 该计划实施后，他发现不但生产目标没有完成，还有很多技术人员选择了离职。经调查发现，大多数的员工对该措施并不赞同，他们感觉那样做的话导致工资减少了，而不是增加了。
>
> 了解到情况后，张总又进行了改革，把固定工资调回原先的水平，然后在此之上增加30%—50%与绩效挂钩的浮动工资。
>
> 很快，该公司在当地的市场上脱颖而出。原来激励体系改革后，员工工作更努力了，产量也上去了，财务指标各方面都得到了改善。

因此，如何让员工从薪资上得到最大的满意，是现代企业组织应当努力把握的课题。管理人员应该从以下方面把握：

● **保持公平的心态。**在进行薪资激励时，管理人员一定要注意公平对待每一个员工，不要有任何的偏见和喜好。每个管理人员都要锤炼自己，做到对员工真正一视同仁。任何不公的待遇，都会影响员工的工作效率和工作情绪，影响激励效果。

● **为员工提供有竞争力的薪资制度。**支付最高工资的企业最能吸引并且留住人才，尤其是那些出类拔萃的员工。这对于行业内的领先公司，尤其必要。高工资能带来更高的满意度，与之俱来的还有较低的离职率。

● **收入和技能挂钩。**最大限度地利用员工已有技能，建立个人技能评估制度，以雇员的能力为基础确定其薪水，工资标准由技能最低直到最高划分出不同级别。当员工证明自己能够胜任更高一级工作时，他们所获的报酬也会顺理成章地提高。

● **增强沟通交流**。现在许多公司采用秘密工资制，调薪或奖金发放不公开，使得员工很难判断在报酬与绩效之间的联系，他们既看不到别人的报酬，也不了解自己对公司的贡献大小，感觉不到平等的气氛，工资制度的激励作用受到限制。

● **参与薪资制度的设计与管理**。让员工参与薪资制度的设计与管理常令人满意且能长期有效，它有助于形成一套更适合员工需要和更符合实际的薪资制度，促进管理者与员工之间的相互信任，使带有缺陷的薪资系统变得更加有效。

激励要从结果均等变为创造机会均等，创造公平合理的竞争环境。这一原则对经理人是具有挑战性的，它涉及整体的企业文化。

案例

某电子商务公司，经过员工的努力，业务量迅速扩大。经研究决定，今年要给员工提薪。

该公司有五名销售骨干，他们之间不存在上下级关系，平时配合很默契。为了更好地协调工作，公司决定增加一位销售经理，但是他没有从这五位中挑选，而是选择了外聘。

在这次调薪中，几位销售骨干了解到新聘经理的工资是他们的四倍。这让他们的内心隐约感觉到不舒服，因为他们觉得经理还没有作出任何的成绩，凭什么拿得比自己多，而且他的实力够不够，也根本不知道。

于是麻烦接踵而来。在短短的三个多月的工作中，新任经理与各位骨干之间出现了数次摩擦，骨干们不但没有积极配合经理的工作，而且他们的业绩和以前相比也都出现了不同程度的滑坡，更令公司意想不到的是竟然有两名骨干递交了辞职报告！

为了挽留这个团队，公司只得解聘了经理，再次恢复到以前的工作状态。最后，还不忘感慨一句"看来外来人就是容易水土不服"。

为什么会"水土不服"？主要的原因是经理的高薪打破了公司原有的公平状态，强烈的不公平感改变了骨干们原有的工作态度和行为。

温馨提示

"不患寡而患不均"。实际上，员工在很大程度上是通过与他人所获工资的对比来评价自己所获得的工资的，并且他们的工作态度和行为都受到这种比较的影响。

最后要说的是，当你希望通过加薪来激励员工的干劲时，还要考虑以下几个问题：

● 你的员工把你交给他们的工作当成乐趣，还是纯粹当作获得稳定收入来源的手段？

● 员工是否需要这份薪酬？需求的程度有多大？你是否了解他们的心理预期？他们需要的是什么？

● 员工是否充分认识到加薪是对优秀者的奖励？

● 员工经过自身的努力是否能获得所承诺的薪酬。

◇ 奖金

奖金作为薪资构成中最灵活的因素，是现代公司激励员工最常用也是最重要的方法。它本质上是一种物质激励，建立在人们的基本生活需求获得满足的基础之上，有利也有弊。

奖金不同于绩效工资，它是将报酬与绩效直接挂钩的薪酬成分，具有极强的导向功能。奖金既可以与员工个人的绩效挂钩，也可以与企业成本节约、产量、质量标准、收益、投资回报或者利润增长等绩效目标挂钩,具有极强的灵活性,是一只看得见的手,指挥员工向着企业目标努力。

温馨提示

奖金会影响员工未来的工作表现,是企业对优秀员工的一种人力资本投资,具有很强的激励功能。更为重要的是,绩效工资会永久性地增加到基本工资之上,增加企业的工资成本支出,而奖金没有累积作用,符合企业降低成本、减少风险的需要。

1. 选择合适的奖金发放形式

要使奖金激励发挥作用,首先,管理人员要选择合适的奖金发放形式(见表1-2)。研究表明,奖金与绩效挂钩会使利润提高,奖金增加10%,企业的资产收益率会上升1.5%,但所有的报酬都遵循收益递减规律。是奖金的形式,而不是奖金的数量决定奖金的激励功能。

表1-2 奖金的形式与特点

形式	依据	优点	缺点	特点
考评奖	根据每月考评结果发放	薪酬与月度考评挂钩,提高短期激励效果	各部门经理对本部门员工的考核标准不同,部门之间很容易产生不公平	将考评奖金与固定工资挂钩,比如:A.不合格,下浮固定工资×20%;B.合格,按固定工资基准×0;C.良好,上浮固定工资×10%;D.优秀,上浮固定工资×20%
项目奖	完成一项专项工作	鼓励团队完成任务、达成目标	技术人员、销售人员、职能部门之间可能会产生不公平	技术人员的奖金根据开发任务评定;销售人员的奖金根据销售额评定;职能部门的奖金根据季度(或半年)专项工作完成情况评定

(续表)

形式	依据	优点	缺点	特点
年终奖	全年企业业绩情况	鼓励员工更关心企业的利益	发放标准不好确定（如刚开始工作的新员工的确定）	可拿出年利润的10%进行分配，也可以参考员工固定工资进行分配
全勤奖	对本月度全勤的员工进行奖励	鼓励员工全勤		每月奖励很少的数额即可
贡献奖	对公司有显著贡献的行为	鼓励员工全面发展		针对具体事情，及时奖励

在奖金发放方面，很多细节看起来也许并不重要，但在员工眼里，他们会把这些感受作为对自己和企业的评价，而且褒奖每一个人等于没有褒奖任何一个人。所以，选择合适的奖金发放形式是奖金发挥功效的关键所在。

2．建立有效的奖金计划

奖金激励具有短期效应，容易带来负面作用。应该与认同、娱乐、成就等需求结合起来发挥出激励作用，其他一些因素如人际关系、工作责任、工作条件等都会对绩效产生影响。

"兴奋剂丑闻"

特别报道：多年来，抵押融资行业巨头范尼梅公司(Fannie Mae)一直保持着两位数的收入增长势头。华尔街为此欢声雀跃：在过去5年中，范尼梅的股价累计增长20%，而同期标准普尔500指数则下跌了16%。

因此，范尼梅的董事会给予其首席执行官莱恩丰厚的奖励。从1999年到 2003 年，莱恩一共得到了 5 200 万美元的报酬——其中，3 200 万美元出自管理层的长期激励计划。

根据该计划，只要公司业绩达到某个标准，例如，年收入增长率达 15%，公司管理层就能获得高额的奖励。

然而，好景不长，很快范尼梅公司就出现了严重的问题。去年 9 月，经过调查，政府监管部门发现该公司存在会计违规问题，由此需要重新评估该公司原先公布的 2001 年到 2004 年 6 月期间 90 亿美元的盈利报告。

莱恩被迫于年底对外宣布提前退休。就在那 6 个月中，公司的股票下跌了 20%。吃一堑，长一智，最终，公司董事会决定，2005 年管理层的奖金将不再与经营业绩挂钩，而是以更模糊的标准代之。

莱恩有没有为了获得更多的奖励而操控会计报表，我们不得而知。但是，范尼梅公司此次的丑闻却说明，用高额奖金激励员工的方法确实有潜在的危险。

短期奖金一般是依据特定的绩效标准，根据员工在某种主观的绩效评价中所获得的评价等级而派发。它符合即时奖励的原则，但值得注意的是，应提高绩效评价的精确度，确保奖金在不同评价等级间有足够的差异。

长期奖金的目的在于鼓励员工努力实现长期的绩效目标，这些绩效标准主要针对企业长期目标，如投资收益、市场份额和净资产收益等。对于企业高级经营管理人员来说，他们的薪酬设计要点在于，使决策与股东的利益最大化保持一致，因此长期奖励计划最有用。

温馨提示

奖金计划只是一种辅助的薪酬手段。对企业而言，要发挥奖金制度的有效激励功能，企业真正要做的，是建立一套完整的报酬体系，使奖金计划真正发挥作用。

因此，提醒管理人员在制定奖金计划时，注意以下几点：

● **指标的科学性**。制定科学合理的指标，是一个企业实现生存和发展的必要前提。

● **注意公平原则**。奖励的效果要以差别为前提，没有差别的奖励是起不到激励作用的。奖励既要让获奖者产生心理满足感，又要能激励未获奖者，使之奋起。

● **提供合适的激励力**。奖金的数额既要考虑到企业所处的行业和地区经济发展水平、居民收入能力、企业的承受能力，又要考虑到员工的心理预期。

● **注意奖励比例、频度、时间，提高激励效果**。一般来说，奖金至少达到工资的10%才会引起员工的注意，15—20%的水平较为合适。并且应该激励的人，才给予激励；不应该激励的人，不必给予激励。同样地，应该激励的时候，才能实施激励；不应该激励的时候，就不要激励。

● **注意分清部门成绩与个人努力**。在制定奖金目标时，必须依据个人的努力和取得的成绩。见表1-3。

● **要易于计算**。一个有效的奖金计划，还要让员工清楚他完成多少任务会得到多少奖金，必须使员工相信自己的努力可以获得明确的报酬，同时用规章制度的方式固定下来也会增加员工的信心。

● **让员工参与奖金计划的制度**。这样做有助于保证奖金标准的公平性。大多数奖励计划都不会覆盖企业中所有员工，而员工对自己的薪酬需要和自己能完成工作目标的可能性要有清楚的认识。

表1-3 考评与奖金

考绩等次	核发奖金基数
优	120%
甲	100%
乙	80%
丙	40%

◇ 福利

员工福利是指企业为了调动员工的积极性，保障员工的物质和文化生活，而在工资、奖金之外，向员工本人及其家属提供的货币、实物和服务等多种形式的照顾。

福利激励是管理人员根据企业的经济效益，制定有关福利待遇的发放标准，确保员工生存与安全的需要，激励员工为企业多做贡献。

在现代企业中，福利形式多种多样。企业福利形式具体包括：增加养老金数额、增发保险金、住房、免费工作餐、带薪假期、年薪制、交通费补贴、通信费用补贴等。具体见表1-4。

表1-4 福利形式及特点

福利形式	优点	缺点
奖金 社会保障 交通、住房津贴 专项无息贷款 有薪假期 员工业余活动 特殊福利	有利于培养员工的归属感； 使员工感受到公司的关怀； 与其他公司相比，有优越感； 有效激励大多数员工，能稳定他们的心态。	费用比较高； 如果公司没有很好的竞争机制，福利项目很容易使员工养成一种惰性； 没有与员工的工作业绩挂钩。

案例

A企业的人力资源总监张先生这两个月感到十分苦恼，因为上个月业务部的三名骨干员工刚刚离职，而这个星期一，客户服务部的两位表现优秀的老员工又提出了离职申请。

经过与离职员工的深入交流，张先生了解到这些优秀员工之所以选择离开，不是因为对薪酬不满或者对企业发展前景不乐观，而是因为他们对企业的福利不满意，对日后的保障有后顾之忧。

通过上面的案例，我们可以看到，在人才竞争日趋激烈的今天，单纯依靠高薪已经无法确保吸引和留住优秀员工。如何为员工提供更具竞争力的福利组合，已经成为越来越多的公司人力资源战略中至为重要的一个环节。福利能为员工解决后顾之忧，使员工全身心地投入到工作中去，不受其他因素的过多影响。

近年来，福利对企业员工产生了越来越大的吸引力。

方正电子有限公司人力资源部的主管说："方正电子给员工的薪水并不算多。但是仍有许多优秀人才选择了方正，同时人才的流失率也比较低。这在很大程度上归功于正为员工提供的良好福利保障。"据了解，方正为自己的员工提供了保险保障、不短的带薪休假、培训等福利项目。

福利是薪酬体系的重要组成部分，是员工的间接报酬。随着经济的发展、企业间竞争的加剧，深得人心的福利待遇比高薪更能有效地激励员工。

温馨提示

高薪只是短期内人才资源市场供求关系的体现，而福利则反映了企业对员工的长期承诺。正是由于福利的这一独特作用，使许多在各种各样企业中追求长期发展的员工，更认同福利待遇而非仅仅是高薪。

从世界范围看，在薪酬管理实践中，一个越来越突出的问题是，福利在整个报酬体系中的比重越来越成为企业的一项庞大支出。据统计，到目前为止，西方一些发达国家的福利与工资的比例几乎接近1:1，并有超过工资的发展趋势。

既然福利具有很强的激励作用，那么管理人员应该怎么做才能最大限度地发挥福利的作用呢？

- **福利政策正确导向**。福利从本质上讲是一种补充性报酬,既然是报酬,就应当以员工支付的合理劳动为代价。企业的福利政策,应当向员工表达和传递下述信息:员工福利与企业绩效挂钩,与个人工作表现及贡献挂钩。

- **履行告知义务**。企业应当采取恰当的传播渠道,将企业的福利政策告诉全体员工,比如把福利政策明明白白写进员工手册。

- **区分福利层次**。按对企业的贡献程度,将福利设定为不同的等级层次。明确规定哪些福利属于保障性福利,哪些福利属于绩效性福利等。

- **适时增减福利项目**。员工的福利应随着企业绩效的变化而变化。通过员工福利的变化,让员工感知企业生存的变化,培养员工和企业生命息息相关的潜意识。

- **自助式福利菜单**。不同员工有不同的需要,采取"自助餐"式的福利分配方式,可以兼顾员工的各种需要,因而是最好的选择。

- **特色福利**。提供特殊服务,尤其是别出心裁、人无我有的福利项目更是薪酬制度的有效补充。这些福利项目的花费金额一般不会很大,但取得的效果却是惊人的。企业要善于创造一些不同于其他企业的福利项目,保持福利的新颖性。

- **公正兑现**。一方面,要求管理人员说到做到,凡是对员工的许诺,在时机成熟时一定要兑现。不能随意取消,更不能充耳不闻;另一方面,实施福利激励时,要让员工心服口服,让员工了解该项福利确确实实就是该人应当享有的。

下面我们来了解一下上海贝尔公司的"福利菜单",希望管理人员能从中得到更多的启发。

和上海贝尔的员工谈及公司福利时,他们会众口一词地夸耀自己享有的优厚福利。当其人事总监陈伟栋先生介绍公司主要的福利项目时,展现在眼前的确实是一份令人心动的清单:

- **奖金**:各种与业绩挂钩的奖金,包括公司利润指标完成后和员工分享的红利。

- **法定福利**：国家规定的各类福利。如养老金、公积金、医疗保险、失业保险和各类法定带薪假期。
- **衣食住行津贴**：每年发服装费，免费提供工作餐，丰厚的住房津贴，公司免费提供上下班交通工具，管理骨干甚至有商务专车。
- **专项无息贷款**：主要有购房和购车贷款。
- **补充性保险福利**：主要是商业补充养老保险。按员工在公司工作年限，在退休时可一次性领取相当于数年工资额的商业养老金。
- **带薪假期**：除法定带薪假外，员工还可享受每年长达14天的带薪假日。
- **特殊福利**：对有专长的人才，由公司提供住房，并帮助其解决配偶的工作及子女的就学问题。
- **员工业余活动**：贝尔公司有三十多个员工俱乐部，如棋牌、网球、登山、旅游等。由公司出资定期举行各类活动。

以上所列不一而足，仅是上海贝尔公司众多福利项目中的主要部分。就是凭借优厚的福利，贝尔吸引了大批人才，培养了大批人才，留住了大批人才，建立了一支一流的员工队伍，造就了一个内部充满良性竞争的贝尔大家庭。

◆ 实物

许多公司觉得给员工发放实物是对员工业绩作出认同的一种行之有效的方式，尤其当个人可以自由挑选他们需要的东西时，更是如此。根据调查统计，有相当部分员工愿意享受非现金激励带来的"快感"。

例如，某公司准备给予每个员工2 000元的奖励标准，有两种选择供员工参考：一是两张豪华星级酒店的晚餐券；二是一张大商场的购物券。结果，绝大部分员工都兴高采烈地接受了这样的安排。

从心理学角度分析，给员工一叠钱，员工只是一时高兴，拿到手里也就忘了，企业指望的"激励"作用也就"消失殆尽"；而相反，一顿期盼的晚餐或是一张购物券，在人心中留下的印象是难以磨灭的，每每回忆起来，心中便会涌起一股暖流，激励的作用可能会维持较长的时间。

> **案例**
>
> 某公司偶尔会给员工一些实物奖励，开始的时候，员工还有些期待，可一两次后，他们就没有了那份热情，这是为什么呢？
>
> 原来，有一次公司给获奖的员工发了个电水壶。小王由于表现出色，也拿到了一个。他想家里正缺这个呢，这回不用买了。可没想到的是，用了没几天，就不加热了，扔了吧，觉得可惜，放着又是个累赘。
>
> 后来一打听，原来公司发的东西很多都是下属公司"进贡"来的，管理人员"顺手牵羊"塞给了他们。
>
> 记得以前公司还发过生鲜食品，可单身同事吃不了，只能想着法子送人，自己却不"实惠"。
>
> 小王感慨地说："真希望公司发的是现金，就算数目小一点，也能'把钱花在刀刃'上，不像现在，奖励越多，麻烦越大。"

从上例中我们看出，公司发的奖励只不过是敷衍员工，根本起不到激励的作用。要想让实物发挥它应有的作用，企业在给员工发放实物时，一定要注意所发的实物必须满足以下几个条件，否则，不如不发：

- 该实物必须是员工所喜欢的；
- 该实物必须有实用性或艺术性，具有持久价值；
- 该实物的质量必须有所保证。

另外，需要注意的是，现金与非现金方式要穿插进行，以免被激励者的心理产生"疲态"。对于那些收入相对较低的员工，虽然发的奖金并不一定很多，但比较他们的工资而言，这些不多的钱所占的比例还是较高的，因此，发放现金对他们来说，可能更有效。

而如果一个人的月薪是 1 万元，你给他发 500 元的奖励，他一定觉得微不足道，甚至会感觉公司特别"小气"。因此，面对收入相对可观的人群，适时制造些创意，送上一份精致的礼物或服务，或许会比发现金起到更意想不到的效果。

现代企业，可以挑选以下实物作为对员工的奖励，见表 1-5：

表 1-5　实物奖励的形式

电子产品	数码相机、录像机、MP3 等
特别定制的礼品	专门制作的平版画、古董等
大家喜爱的新产品	手机、笔记本电脑、传真机等
大家喜爱的老产品	洗衣机、烘干机等
各种特色服务	矿泉疗养和美容券等

精神激励——不花钱也能办好事

谈到激励，许多企业自然就会想到用钱，用高薪留住人才。当然，不能否认金钱激励是一种好的激励方式，但它绝不是最好的激励方式。成功的企业和主管都应善于运用金钱之外的激励方式——精神激励。

精神激励，如成就感、认同感，是留住人才的重要因素，但这一点往往被许多企业忽视。中科院心理所的专家研究发现，工资和奖金因素在工作重要性的排列中分别列第 6 位和第 8 位，第 1 位是成就感，其次是被赏识、工作本身、责任感、晋升的机会，这说明了非金钱因素的重要性。

➲ 成就激励

成就激励是大多数企业采用的一种激励方法，其最重要的表现形式就是合理晋升。对于那些确有能力者，要及时给任务压担子，引入竞争和激励机制，形成"优秀干部有成就感，平庸干部有压力感，不称职干部有危机感"的良性循环。

内部晋升与选拔对于激励员工能起到以下作用：

● 当员工看到自己的工作能力与业绩能够得到肯定或报偿时，其士气与绩效都会改善。

● 可以激发员工的献身精神，给其他员工同样的期望。

优先从内部选拔人才，需要建立一系列制度来维持。例如，索尼公司的内部招聘制度。

案例

某天晚上，索尼董事长盛田昭夫按照惯例走进员工餐厅与员工一起就餐、聊天。他注意到一位年轻的员工郁郁寡欢、满腹心事的样子。于是，他走到这名员工的对面，与他攀谈。

经了解，原来该员工对索尼的人事制度不甚满意，他觉得自己不是在为索尼工作，而是为课长干活。自己的想法和做法总是得不到课长的支持和理解。

他的话令盛田昭夫十分震惊，他想，类似的问题在公司内部员工中恐怕不少。于是他决定要改革人事管理制度。

之后，索尼公司开始每周出版一次内部小报，刊登公司各部门的"求人广告"，员工可以自由而秘密地前去应聘，他们的上司无权阻止。另外，索尼原则上每隔两年让员工调换一次工作，特别是对于那些精力旺盛、干劲十足的人才，不是让他们被动地等待工作，而是主动地给他们施展才能的机会。

实行了内部招聘制度以后，有能力的员工大多都找到了自己中意的岗位，大家都干劲十足，热情高涨。

在无法晋升的时候，授权也是一种有效的激励方式。管理人员往往在理解授权的时候存在误区。事实上，授权不仅对下属有利，对管理人员也有利。只有充分地授权，企业才能发展得更快，管理人员要时刻谨记这点，克服习惯揽权的做法，真正把权力分配下去。

> **案例**
>
> 张小姐是一家软件公司的销售主管，能力强，热爱工作，成绩显著。今年她被派到自己向往已久的广州分公司，并担任了销售经理，薪水也增加了不少。
>
> 然而，她的工作热情不但没有提高，甚至有了辞职的念头。
>
> 为什么得到升职、加薪反而要辞职呢？
>
> 经了解得知：原来，引起张小姐不满的原因来自她的上司。他对张小姐刚到广州工作颇不放心，担心她做不好，总是安排一些很简单的工作，并且在工作中也经常进行干预。
>
> 张小姐工作能力较强，习惯独立思考问题、解决问题，对上司的频繁干预，她非常不习惯，并逐渐产生了不满。她认为领导不信任她，对她没有信心，因此情绪又怎么能高涨起来呢？

大多数员工都希望能够担任一定的职务，管理者要懂得适当授权，给予员工更大的权利和自主空间，让员工自己制定弹性的工作计划，自由安排完成目标的时间和方式，从而充分调动员工的积极性，激发员工的工作热情和创造性。一旦员工觉得自己受到了重视，就会尽最大的努力把工作做好。

➪ 参与激励

参与激励即通过合理化建议、员工与各级管理层对话等民主管理方式，给员工某种参与制定计划和进行决策的机会，使其感受到企业对自己的信任，使员工产生主人翁精神和责任感。员工对于组织的信任往往心存感激，因而会努力提高自己的工作能力和绩效,不负组织的厚望。

> **案例**
>
> J公司的老板不太注重形式,在公司里,他不设立什么头衔,大家一起工作,各司其职。
>
> 然而,有一天,一位员工要去参加一个重要的表彰会,可他不知道该在名片上印什么职位,于是,他对老板说:"老板,我要去参加一个表彰会,如果他们问起我的职位,我该怎么说?"
>
> 老板笑着回答道:"这个你自己决定吧,你觉得自己应该是什么职位最好呢?"
>
> 员工不太好意思地说:"这个有点让我为难。"
>
> "那么,就在名片上印上企划部经理吧!"老板笑着替他解了围。

从上例中,我们可以看出,老板的做法是一种自由职衔制的做法,这为员工的主人翁精神提供了可能。头衔是员工更好地参与企业建设、发挥个人效能的职责代号,头衔背后的主人翁精神和责任感是企业需要的内在发展机制。

让员工真正成为企业的主人,培养他们的主人翁精神,才是企业的真正目的,也是企业长久发展所必需的。

温馨提示

员工都有参与管理的要求和愿望,创造和提供一切机会让员工参与管理,是调动员工积极性的有效方法。毫无疑问,很少有人会参与商讨和自己有关的行为而不受到激励的。

因此,让员工恰当地参与管理,既能激励员工,又能为企业的成功获得有价值的知识。通过参与,形成员工对企业的归属感、认同感,进一步满足员工的自尊和自我实现的需要。

保罗·盖帝是美国的大富豪。一次，他聘用了一位叫乔治·米勒的人，帮他管理位于洛杉矶郊区的油田。

乔治·米勒是一位优秀的管理人才，对油田的管理很在行。但是，每次保罗·盖帝去视察油田时，总会发现一些浪费和不合理的地方，影响到了产油的成本，使得油田利润相对降低。虽然他深信乔治·米勒的才干，但对他在这方面的表现却不太满意，于是他找乔治·米勒沟通。

他对乔治·米勒说："我发现油田有许多浪费之处，如果能好好控制的话，油田的产量势必还能再提高，利润自然也跟着增加。你是油田的总负责人，有义务把这些事情做好。"

乔治·米勒回答说："因为那是你的油田，油田的一切都和你的切身利益有关，所以你很容易看出许多问题来。"

乔治·米勒的这个回答，令保罗·盖帝心头一震，连续好几天，他都在想乔治·米勒所说的这句话，最后，他悟出了一个道理来。

他告诉乔治·米勒："从今天开始，我不付你的薪水，而是付你油田总利润的某个百分比，油田管理得越有效率，总利润越高，那你的收入自然也是跟着水涨船高，反之亦然。"

乔治·米勒接受了他的挑战，从那天开始，该油田的管理完全改观，不但浪费不见了，而且效率也提升许多。

为什么会有这样的转变呢？

因为，现在这个油田不但是保罗·盖帝的油田，也是乔治·米勒的油田，换一个角度讲，由于乔治·米勒把它视为自己的产业来管理，所以，过去保罗·盖帝所发现那些管理上的盲点，很快被乔治·米勒一一改善了。

改善的结果是，不但油田的生产成本降低了许多，产量和利润增加了，当然，乔治·米勒的收入也跟着大增。

这个案例告诉了我们一个道理：如果要让员工用心、努力地去做每一件事，首先要让员工觉得自己是企业的主人，使他们把企业当成自己的事业来经营。只要能把握这点，对员工进行士气激励，绝对会有很大的帮助。

就一些企业的成功经验来说，对员工进行参与激励的方式主要有：

● 实行抱合作态度的领导方法。上级领导应像自己也被领导一样，积极投入工作，并在相互尊重的气氛中与员工合作。这样做能使员工更积极地投入工作和参与决策，因而是一个能够实现更高生产率的好途径。

● 利润共享。在经营管理上，经营者如果能和员工共享利润的话，所产生的激励效果，肯定远大于员工所拿的固定薪水。

● 参与管理。参与管理是激励员工士气的另一种好方法。通过参与管理，可以让员工感受到那种"我不光是一个执行者，更是一个决策者"的成就感，会把这个企业当成自己的事业来看待。既然是视为自己的事业，当然会比一般人更用心了，这种用心的结果就是效率提高。

● 召开研讨会。为制定某种重大问题的决策、原则与办法，各级组织多举行研讨会或商讨会，邀请员工代表参加，被邀请或指定参加的人员，即使没有发表意见，仍可在心理上获得受到重视或得到满足的感觉。

● 举行座谈会。参加人员可提出各种看法，不拘泥于某种形式，随意交谈，这能减少员工提意见时的顾虑，使其不会产生心理防备。在气氛轻松活泼、发言坦率自然的情况下，很可能会产生一些极有价值的建议。

◇ 人性激励

人非草木，孰能无情。情感具有极大的激励作用，是人类行为最直接的一种激励因素。积极的情感可以激发出惊人的力量去克服困难，消极的情感则会大大妨碍工作的进行。

除了获得金钱之外，员工真正要得到的是觉得自己很重要的感觉。管理人员必须用自己的感情去打动和征服下级的感情。要尊重、信任和关怀下级，从感情上赢得下级的信赖，使他们愿意接近你，肯把心里话对你说，从内心里愿意听从你的指挥。

谁能够满足员工内心深处的渴望需求，谁就是这个时代最好的激励者。"人性"激励有四大法宝，它们分别是：

1．信任员工

信任激励是一种基本的激励方式。干群之间、上下级之间的相互理解和信任是一种强大的精神力量，它有助于企业人与人之间的和谐共处，有助于企业团队精神和凝聚力的形成。

● 对表现优秀的员工，在业务处理上要授予更大的权力。

● 当下属在业务上遇到困难时，要相信他的实力并给予必要的指导和帮助。

2．尊重员工

一位企业家说："管理控制确实需要条条框框，但第一条规定应是尊重员工，如果把第一条规定做好了，一切就好办了。"一个企业的发展基石是对员工个性的尊重和对员工能力真诚、坚定的信任。只有相信、尊重员工，才能激发员工的能动性。

比如，管理者应了解员工对工作的一些真实想法，对其想法表示适当的认同，尊重他们在生活上和个人发展上的一些其他需求。

温馨提示

尊重是加速员工自信力爆发的催化剂，尊重激励是一种基本激励方式。上下级之间的相互尊重是一种强大的精神力量，它有助于企业员工之间的和谐共处，有助于企业团队精神和凝聚力的形成。

管理者与员工不再是单纯的命令发布者和命令实施者，他们有了除工作命令以外的其他沟通，这种沟通主要是情感上的沟通。

案例

Y公司技术支持部有一位姓牛的资深工程师，他是该部门的骨干分子。但是，此人自命清高，与人难以沟通和相处，工作过程中情绪化也较严重，稍有不满便以激烈的方式表现出来。

公司领导相当头痛，但是因为他的技术确实不错，公司也不好让他离开。最近，新来了一位技术支持部经理，了解到牛工的状况后，他没有像其他经理一样只是抱怨，而是采用了一个非常简单的解决方法。

首先，他和牛工进行了一次深入的沟通，对其技术实力及在本部门的地位给予了充分的肯定，并告诉他，公司将成立专门对重大技术问题进行"攻关"的技术组，由牛工具体负责。

然后，他又为牛工配备了几位助手，这些助手把牛工奉若"大师"，遇到问题总是非常积极地向他请教。一段时间过去了，技术支持部的面貌发生了根本的改变。

一方面，牛工的自尊心得到了极大的满足，感觉自己受到了前所未有的重视，在公司、在部门的地位都很高，工作中也更乐于与其他人多沟通协作。

另一方面，技术支持部的年轻人在牛工的指导下，技术能力也突飞猛进，不断得到客户的表扬和公司的褒奖，整个技术支持部变成了一个非常有战斗力的团队。

3．关怀员工

了解是关怀的前提，作为一名管理人员，对下属员工要做到"八个了解"，即了解员工的姓名、籍贯、出身、家庭、经历、特长、个性和表现。

要真正获得员工的心，首先要了解员工的所思所想和其内心的需求，进而满足他们的需求。

例如，日立公司内部设立了一个专门为员工架设"鹊桥"的"婚姻介绍所"。新员工进入公司，可以把自己的学历、爱好、家庭背景、身高、体重等资料输入"鹊桥"电脑网络。当有人递上求偶申请书，他(或她)便有权调阅电脑档案，利用休息日翻阅这些档案，直到找到满意的对象。

日立公司的管理人员说，由于日本人工作紧张，职员很少有时间寻找合适的生活伴侣，我们很乐意为他们帮这个忙。另一方面，这样做还能起到稳定员工、增强企业凝聚力的作用。

> **案例**
>
> 年底，D公司以总经理的名义给每个员工买了一个闷烧锅，锅上面打印着公司的名称，然后附带一封信，由总经理亲笔签名，直接从邮局寄到员工的家中。
>
> 之后，总经理收到很多由员工的家属和家长写来的信。信中感谢公司的关怀，说公司对他们的子女、亲属要严格管教，家属和家长也会经常督促让他们好好工作。
>
> 后来发现员工的绩效真的改善了很多，过去是安分做事，现在比以前更加卖力：工作负责、态度端正、积极向上，公司效益大大得到了提高。
>
> 得到这样的效果，有可能就是他们的家属与他们进行了沟通："你要好好地干，勤奋一点，这家公司不错，老板又好，在那里上班是你的福气，老板还惦记着我们，你有什么理由不卖力、不好好干呢？"
>
> 正是员工的家属和家长对员工产生了激励。

4. 赞赏员工

肯定与赞美是最强有力的激励方式，而且不花钱。连拿破仑都震惊于肯定与赞美的效果，有人告诉拿破仑，为了得到他的一枚勋章，他的士兵是什么英勇行为都可以作出来的。拿破仑惊讶地说："这真是奇怪，人们竟然肯为这些破铜烂铁拼命！"

很多管理人员不会赞美，只会批评，他们认为表扬会使员工骄傲。于是我们总是看到一些被领导训得灰头土脸的员工。一直在这种灰色情绪下工作，员工又怎能作出好的业绩？所以，从现在开始，请试着赞美你的员工。

温馨提示

管理人员应时刻记住：不要吝啬你对员工的信任、尊重与关怀，如果能确实做到这些，你将拥有一支世界上最精良、最勇猛的团队。进足以胜敌，退足以坚守。

总之，激励下属要以人性为本，给予他们最丰富的"人性激励"、足够的"金钱激励"和最少的"恐惧激励"。

◇ 竞争激励

竞争手段被人们频繁应用于激励中，但是只有人人都拥有平等获胜的机会时，竞争才能真正激励员工。

竞争就是创造"比、学、赶、帮、超"的氛围，也意味着让你的员工感到他并不是唯一或永远的优胜者的，随时有人在后面准备赶超他。这个很关键，作为管理人员，要学会在员工中间创造竞争氛围，设立各个阶段的目标并进行奖惩。

> **案例**
>
> ## 施瓦布的奇招
>
> 　　查尔斯·施瓦布是美国著名的企业家。他的一个工厂的工人总是完不成定额，换了好几任厂长也没有效果，因此施瓦布决定亲自处理这件事。
>
> 　　他问新任厂长："你是很有能力的人，为什么就不能把工厂搞出个样子？"
>
> 　　"我不知道，"厂长答道，"我劝说过工人们，骂过他们，还以开除他们做威胁，但根本于事无补，工人们依然如故，他们就是完不成自己的定额。"
>
> 　　"那么，你带我到工厂看看吧。"施瓦布说。此刻，正是白班和夜班工人交接班的时候。
>
> 　　施瓦布问一名工人："你们今天一共炼了几炉钢？"
>
> 　　"6炉。"工人答道。
>
> 　　施瓦布在一块小黑板上写了一个"6"字，然后又巡视了一下工厂就回去了。
>
> 　　夜班工人上班后，看到黑板上出现一个"6"字，十分好奇，忙问门卫是什么意思。
>
> 　　"施瓦布今天来过这里，"门卫说，"他问白班工人炼了多少炉钢，当知道是炼了6炉钢之后，就在黑板上写了这个数字。"
>
> 　　第二天早晨，施瓦布又来到工厂，特意看了看黑板，看到夜班工人把"6"字改写成了"7"，便十分满意地离开了。
>
> 　　白班工人上班时，都看到了"6"字被改写成了"7"。一位好强又爱激动的工人大声叫道："这意思是说夜班工人比我们强，我们要让他们看看并不是那么回事。"当他们晚上交班时，黑板上的"7"字消失了，取而代之的是一个巨大的"10"字。
>
> 　　就这样，两班工人竞争起来，这个落后的工厂很快超过了其他工厂。

　　施瓦布只写了一个"6"字，这"6"字的背后是什么，他没有说。然而，这个小小的"6"字,却犹如一块投入水中的石头,激起了千层浪,使犹如一潭死水的工厂出现了生机和活力。

对于工人来说,这意味着竞争、自尊和挑战。从实质上看,施瓦布是用一个小小的"6"字,巧妙地点燃了竞争的火焰。

> **案例**
>
> S公司有两名业务员,他们的实力旗鼓相当,两人也暗暗较劲,谁也不服谁。
>
> 一天,A业务员接到客户的电话,要就有关细节与A商量,业务员B怕A的业绩超过自己,便在暗中进行破坏。
>
> 最终的结果是A的生意没做成,B的业绩也没上去,从而导致整个企业效益下降,没有发展。

所以,管理人员在采取竞争激励时,还应注意两方面的问题:

● 提倡员工之间、企业之间的合理竞争。要让员工羡慕表现好的榜样,而不是嫉妒。羡慕就要提高自己的技能,去学习,从而赶上并超越榜样。

● 防止不怀好意的恶性竞争。一定要注意避免鼓励员工之间的恶性竞争,要引导正面的竞争。

◇ 目标激励

目标激励是一种常用的激励手段,具有引导和激励的作用。它把"大、中、小"或"远、中、近"的目标结合起来,确定出一个适当的目标,借以诱发员工的动机和行为,从而达到调动员工积极性的目的。见图1-4。

为员工设定一个适当的目标,并向他们提出工作挑战。这种做法可以激发员工的斗志,激励他们更出色地完成工作。如果能结合一些物质激励,效果会更好。

保险业泰斗班费德文说:"我们都需要目标和期限。伟大的目标激励我们,让我们变得兴奋,而有了期限后,我们会跑得更快!"

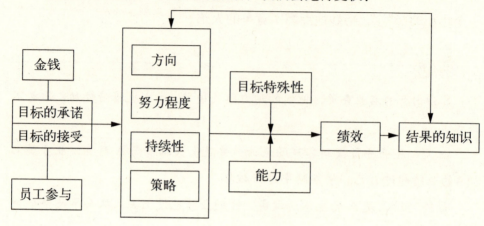

图 1-4 目标激励的过程

目标设定理论认为:对于具有一定难度的具体目标,一旦被接受,将会比容易的目标更能激发高水平的工作绩效。

有关目标设定的研究表明,设定恰当而具有挑战性的目标能够产生强烈的激励作用。虽然我们不能断言让员工参与目标设定的过程总是可取的,但是,当你预期员工在接受较困难的挑战性工作会遇到阻力时,让员工参与目标的设定是最适当不过的。

具有中度挑战性的目标将激发成就动机,而目标设定理论认为设定具有一定难度的目标将产生更大的激励作用,这两种说法并不矛盾。其中有两个方面的原因:

● 目标设定理论是针对一般员工的,而成就动机的结论仅仅基于高成就需要者而言。在北美洲地区,高成就需要者只占 10%—20%,因此,对于大多数人而言,更容易接受目标设定理论。

● 目标设定理论适用于那些引起承诺并接受工作目标的人。具有一定难度的目标只有被人们采纳,才会产生更高的工作绩效。

经验表明，一个经过努力可以达到的目标，对员工具有很大的激励作用。管理人员在激励的过程中，要不断地为员工安排看得见且短期内能够实现的目标。目标太大或太远，员工会有一种虚无缥缈的感觉。

激励目标的设置步骤如下：

● 管理人员给员工设定一个明确的目标：这是一个暂时的、可以改变的目标预案。可以由上级提出，再与员工讨论，也可以由员工提出，上级批准。无论哪种形式，必须共同商量决定。

● 重新审议组织结构和职责分工。

● 由下属设计一套非常详细的执行计划，以更快地实现目标。

● 上、下级之间进行沟通，讨论执行计划的可行性及修改意见。

● 管理人员监督员工的计划执行情况。

为发挥目标激励的作用，管理人员在为员工设置目标时，还应注意以下几点：

● **个人目标与集体目标一致**。组织目标应与员工目标保持一致，如果发生偏差，则不利于调动员工的积极性，也不利于实现组织目标。只有两者趋于平衡，才能使员工的行为朝向组织的目标，在员工间产生较强的心理内聚力，共同为完成组织目标而奋斗。

● **设置的目标方向应具有明显的社会性**。目标的社会效益越大，其吸引力就越大，也就越能激发人们的积极性。

● **目标应该是能够达到的**。目标应做到树上的果子悬到"跳一跳够得着"的程度，才能够激发员工的进取心。过高了力所不及，过低了不需努力就轻易得到，都不能收到良好的激励效果。

● **既要有近期目标，又要有远期目标**。只有远期目标，易使人产生渺茫感；只有近期目标，则使人目光短浅。这样，目标的激励作用也会减少或不能维持长久。

◇ 榜样激励

榜样激励就是管理者通过树立鲜明、生动、具体、形象的学习榜样，从而激发员工的上进心和荣誉感，使员工增添克服困难、争取成功的决心和信心。

企业中的每位员工都具有学习的动力和能力，企业可以将优秀的员工树立成榜样，让其他员工向他们学习。虽然这个办法有些陈旧，但实用性很强。就像一个坏员工可以让大家学坏一样，一位优秀的榜样也可以改善员工的工作风气。

榜样的力量是无穷的。企业可以通过开展评先进、树典型活动，为员工树立榜样，使企业形成一种积极向上的氛围。如果能够树立一个良好的榜样，就会带动员工奋发前进。

案例

某公司财务部职员小李，依靠刻苦自学，终于拿到了注册会计师证。这对于大多数人来说，都是不容易的。

于是，老板决定提拔他为财务总监，把他树为大家学习的标杆。这给其他的员工带来了不小的感触："一个中专生就能取得那么大的成绩，我们为什么不能呢？"由此，对其他的员工起了很大的激励作用。

树立了小李这个榜样之后，公司的其他员工都积极地学习和工作，对推动企业学习型组织的建设起到了直接作用。

身教重于言教。除了在员工中树立榜样外，管理人员更要以身作则，通过敬业精神来感动员工，做员工的榜样，激励员工努力工作。

榜样可以起到明显的激励作用，从而推动各项工作的开展。那么，什么是榜样激励的核心问题呢？那就是管理人员的以身作则。事实证明，管理人员的一举一动往往影响着员工的积极性，会给员工留下深刻的印象。

> **案例**
>
> 日本本田技研工业总公司的创始人本田宗一郎每当遇到棘手的事情时，总是自己领头去干。公司的员工都非常钦佩他这种身先士卒的作风。
>
> 1950年的一天，为了谈一宗出口生意，本田宗一郎和员工藤泽武夫在滨松一家日本餐馆里招待一位外国商人。外国商人上厕所时，不小心假牙掉进了粪池。本田宗一郎二话没说跑到厕所，脱光衣服，跳进粪池，用木棒小心翼翼地慢慢打捞，终于找到了假牙。然后，他又反复冲洗干净，并作了严格的消毒处理。回到饭桌上，本田宗一郎自己先试了试，觉得没问题了才交给外国商人。
>
> 这件事让外国商人很受感动，生意自然也获得了圆满的成功。藤泽武夫目睹这一切，感慨不已，认为自己可以一辈子和本田宗一郎合作下去。

⇨ 荣誉激励

荣誉激励成本低廉，但效果很好。

> **案例**
>
> 有一家公司在公司的大厅里装置了一个大铜锣，只要员工的业绩突破100万元的，就可以去敲一响，突破200万则敲它两响，依此类推上去。
>
> 该公司的办公室，紧挨着大厅，只要这个铜锣被敲，它的声音马上会传入办公室内，也等于是告诉办公室里的人，有人的业绩突破百万大关了，当这位敲锣的同仁走进办公室的同时，所有的人都要起立鼓掌，给予他英雄式的欢呼。
>
> 据该公司管理部门有关人员表示，这种被大家鼓掌欢呼的场面，是很有面子的事情，每个员工都希望自己是下一个敲锣者，能接受大家的欢呼，不过，想要敲响它，首先得把业绩做上去，这正是该公司装置这个大铜锣的目的。

企业的激励手法，没有一定的标准模式可寻，只要它能发挥鼓舞士气的作用，就是一种好的激励手法，像这家公司的敲锣做法，不就是一种很有创意的荣誉激励法吗？

美国通用电气公司认为，金钱不是万能的，对员工最大的奖励是给他们荣誉，经常在各种会议上表扬那些工作优秀的员工，介绍他们的成就，给他们探索和创造的机会。管理人员应该学会运用这种方法，以求达到更好的激励效果。

案例

美国西南航空公司在公司总部办公室两侧的长廊上，挂着成千上万幅员工的照片，内容从公司的晚会、体育活动、各种比赛，一直到员工的艺术作品等，并且将公司历年来奖励给员工的奖品都一一陈列两旁，在标签上标明获奖员工的名字。

每天，员工都要穿越过道，前往自己的工作岗位，当他们看到这些照片时，空气中洋溢的是微笑和欢乐的气氛。

就是这样一家公司，1971年创办时只有10名顾客、两只包裹和几名不安的员工，现在已发展为全美第六大航空公司，拥有1.8万名员工，服务范围遍布美国。

在整个航空业都在赤字中艰难跋涉时，他们连续22年盈利，创造了全行业个人生产率最高的记录，人员调动、跳槽率低得令人难以置信。

荣誉是企业对个体或团体的崇高评价，是满足员工自尊需要、激发员工奋力进取的重要手段。从人的动机看，人人都具有自我肯定、争取荣誉的需要。对于一些工作表现比较突出、具有代表性的先进员工，给予必要的荣誉奖励，是很好的精神激励方法。

荣誉激励的形式很多，具体见表1-6。

表 1-6　激励的形式与优点

激励形式	优点
发奖状、证书	满足员工渴望被尊重、被认同的需求
记功、通令	使员工感觉是在为自己打拼
嘉奖、表扬	从内心世界激发员工的工作热情
集体荣誉	有利于培养员工的团体荣誉心

将荣誉激励发挥得最淋漓尽致的，莫过于保险业。能够参加海外表扬大会，从总经理手中接过奖牌，接受同仁的鲜花与喝彩，已成为保险从业人员打拼的最高目标。

目前，世界上有许多著名的企业都非常重视荣誉激励的作用。比如：

● **美国 IBM 公司的"百分之百俱乐部"**。当公司员工完成其年度任务时，他就能被批准成为该俱乐部会员，他和他的家人将被邀请参加隆重的集会。结果，该公司员工都将获得"百分之百俱乐部"会员资格作为第一目标，以获取那份光荣。

● **玫琳凯公司至高无上的荣誉激励**。玫琳凯公司每年都要为当年的销售状元举行一次集会。专门租借一个体育场召开表彰大会，请一个演艺明星，让销售状元和明星同乘一辆车，徐徐进入会场，与此同时，全场的员工一起大声呼喊销售状元的名字。这使所有员工感到了这个团队对于优秀员工重要性的肯定。

"软硬兼施"的综合激励制度

每一种激励方法就像一个网眼，单靠一种方法是难以发挥其作用的，只有把各种方法综合起来，才能构成一张激励之网。因此，要求管理人员根据实际情况，综合运用多种激励方式，丰富激励的内容，把激励的手段和目的结合起来，使企业在激烈的市场竞争中立于不败之地。

物质精神两结合

很多管理人员误认为激励无非就是加薪、提职，显然这是基于对员工需要的片面了解、对激励的表面理解所致。其实，作为员工，他们绝不是单纯地追求物质，即金钱收入，更重要的还有一种社会方面、心理方面的需要，他们追求人与人之间的感情、安全感和被尊重感等。

在企业中，就是要求管理人员把精神激励和物质激励合理结合起来，避免单极化的趋势，不能走到偏向一方的误区里去，而要研究精神激励和物质激励占多大比重对员工合适，这是一个重要的课题。

例如，华为无疑是中国最优秀的企业之一，它对员工的激励，不单单是宗教式的、对高效率的狂热追求，更有着理性的薪酬激励制度。换句话说，高效的薪酬激励制度和高度激发员工斗志的精神教育，是华为进行员工激励的两大法宝。

> **案例**
>
> ### 表扬不能当"饭"吃
>
> 老刘是某原料厂的供应科长，为人热情，尤其对新主意、新发明和新理论感兴趣，自己也常爱在工作里搞点新名堂。
>
> 前一阶段，常听刘科长对人嚷嚷说："厂科室员工奖金制度，已经到了非改不可的地步了。大锅饭、平均主义、奖金不能跟利润挂钩，简直欺负人。"
>
> 最近，刘科长参加了一期中层管理干部短训班。培训师讲：员工激励应以精神激励为主。回到科里时，正赶上年末工作总结，要发年终奖金。这回他有了新想法。在供应科，论工作就数小王最能干，积极肯吃苦，还能动脑筋，于是他先找来小王谈话。
>
> 首先，他强调了小王这一年的贡献，特别表扬了他的成绩，并承诺明年要给他安排一项更有挑战性的工作。

最后才谈到最不要紧的事——奖金。他说，这回年终奖，你跟大伙儿的钱一般多。刘科长挺得意，学到的新理论，马上就用到实际工作中了。

可没想到的是，小王却发起火来，只见他立刻站起来说："什么？就给我那么点？说了一大堆好话，到头来我就值那些钱？得啦，您那一套好听的，还是留给别人吧，我不稀罕。表扬又不能当饭吃！"

小王的话把刘科长给搞糊涂了："这是怎么回事？"

从上例中可以看出，光有精神激励是不够的，管理人员也要重视物质奖励。当员工尽责地、主动地、创造性地工作并取得成绩时，应给予他们应得的报酬和奖励。

员工首先需要的是物质利益，任何时候，人都离不开物质需求，这不仅是维持生存的基本条件，也是人们在各方面获得发展的基本前提。但是，物质激励是较低层次的激励措施，其激励作用是有一定局限性的，当个人经济收入达到一定水平后，精神方面的需求将占主导地位。

精神激励，是一种"不花钱"的有效激励手段。在特定的情况下，精神激励不仅可以弥补物质激励的不足，而且还可以成为长期起作用的决定性力量。因此，我们主张在激励的工作中，正确运用物质激励和精神激励，将两者巧妙地结合起来。

● 物质、精神激励都是不可缺少的。物质激励是基础，精神激励是根本。如果单独使用，效果往往不是很好，因为它不能同时满足人们的生理需要和心理需要。

● 将物质激励与精神激励结合起来，使员工体会到付出的劳动越多，企业越发展，个人收入也就越多，从而实实在在地感受到自己与企业是"同呼吸，共命运"的，从而形成强有力的精神凝聚力量，使企业发展获得持久的内在动力。

● 把握物质激励与精神激励结合的原则。除了单一的物质激励外（诸如奖金、股票期权计划），还要强调精神激励，通过工作内容丰富化、职工参与管理、更多的授权等内在的激励方法，加强与员工之间的双向沟通，实现"以人为本"的先进管理。

总之，要建立好的激励机制，必须坚持物质激励与精神激励相结合。建立和实施"多跑道、多层次"的激励机制，还要考虑不同个体的基本情况，实行差别激励。只有做到这些，才能不断深化企业的改革，使企业在市场经济的大潮中，不断发展、完善，并立于不败之地。

⇨ 设立各种奖项

许多公司都想方设法按照员工的特殊成就和特殊贡献来设计各种奖项。比如，优秀员工奖、当月员工奖、员工建议奖、质量奖、生产标兵奖、业绩奖、节省成本奖等，借以激励员工提高生产率和业绩，实现员工和公司的双赢。

不同的公司，可以根据自己的情况，用各种激励方法配置自己的激励资源。具体方法可参见表1-7。

表1-7 激励资源的设置

激励奖项	优点
设计未来奖励的方法 在完成公司目标的前提下，由全体员工共同设计公司的未来，提出设计方案，每个员工都有资格获奖，而且每个人都有资格参与选拔得奖人。 如质量奖、优秀员工奖、技术奖等。	提高员工的参与感； 使员工更加关注公司的发展； 增强员工的归属感和凝聚力。
排行榜 设立全公司的业绩排行榜，每月将员工的销售或生产业绩进行排名，可设特等奖、优秀奖、上榜奖，连续3个月得第一者，	激励优秀员工； 活跃工作气氛，提高工作效率； 推动业绩不高者努力奋发；

(续表)

激励奖项	优点
可另外获得榜主奖。 如销售奖、生产标兵奖、利润奖等。	简单、方便。
特殊成就奖 奖励员工在职责之外的特殊表现，如节省成本奖；奖励员工的重大成就；客户服务奖；发明、创新奖。	使优秀员工获得满足感和成就感； 有弹性、易操作。
业绩奖 如提成、季度奖、年终奖、先进业绩奖等。	激励员工努力完成公司的目标； 奖励员工，以刺激其业绩不断增长。
员工建议奖 公司对有创造性的、能提出新建议的员工进行奖励。	激发员工的参与感； 使员工觉得自己受到了重视。

这些奖项不但能满足员工的成就感和被尊重感，同时也让他们获得了一定程度的物质奖励，使其感到满意，这比单一的物质或精神奖励更能激励人，并且能最大限度地调动员工的积极性。

案 例

A公司已经有好多年的历史了，该厂的员工却是一直"有进无出"。

据员工王强反映：他在一线工作快20年了，与他一起进公司的还有好多人，基本上，进了这家公司再离开的员工，非常少。大家都愿意把自己的力量和聪明才智贡献给公司。

原来，该公司在员工激励方面一直做得很好，有效地激发了员工的归属感和凝聚力。

从成立以来，A公司为员工设立了"先进标兵奖"、"技术能手奖"、"生产标兵奖"、"业绩奖"、"全勤奖"，几乎每个员工都获得过不同的荣誉称号。

王强说:"其实有好多公司一直想挖他们过去,但是他们对A公司有感情,而且他们在这里获得了更多的尊重,所以,他们从没想过要跳槽。"

随着公司的不断发展,这些年公司对于员工的奖励也逐年不同,有着自己的特色,总是能让员工感到满意,这也是他们愿意留在公司的理由之一。

"20世纪80年代的奖励是一纸奖状,主要是精神鼓励;90年代开始出现实物奖励,如一个杯子、一只水壶、一件背心等;到了现在,则发展到经济奖励,一两百都有,多的时候,还能达到上千元。"

"今年的最高奖励是1万元的电脑,是从来没有的,我做梦都没想到。"王强激动地说,"现在我们不但有了物质上的保证,精神上也得到了不同程度的满足。我们有了满腔的热情,要为我们这个集体贡献自己的力量。"

⇨ 教育培训激励

参加教育培训既是员工的权利,也是员工的义务,它是企业给予员工最大的福利。目前,已经有很多企业建立了规范有效的教育培训激励机制,把员工培训作为企业发展的不竭动力,纳入企业改革与发展的重要议事日程,并把员工参加教育培训作为年度考核指标之一。

企业把培训机会作为奖励,借以鼓励那些核心员工或对企业有突出贡献的员工。这样既能使员工个人的人力资本得到升值,反过来,也增强了员工对企业的忠诚度。

IBM通过培训留人

1993年还亏损83.7亿美元的IBM,在1994年收入增加到97亿美元,1995年和1996年增加到127亿和160亿美元,1996年的税后净收益为60亿美元。IBM第三次走出困境,一方面得益于正确的战略决策,另一方面

> 也离不开合理的激励机制。
>
> 对于IBM的激励机制，IBM大中华区总裁周伟焜深有感触。他说，他发现自己已经无法脱离IBM这个环境了，IBM对管理人员和员工的培训使得他不愿意离开它。
>
> 在IBM，新员工在这里能感觉自己每一天都在成长，每一天都能学到新东西，所以即使别的公司给的薪水比IBM高得多，他们为了学习仍然会留在这里。
>
> IBM非常重视员工培训，仅1998年一年就投资8亿美元用于员工的培训，比1997年增加了约1亿美元。

所以说，培训作为一种激励手段，可以促使员工保持持久的工作热情和工作能力。

企业想要创造更多的效益，更好地激励员工，并留住员工，就要严格执行内部培训计划，采取"走出去"与"请进来"的方式，组织员工开展多层次、多渠道、全方位的培训。主要包括以下培训形式：

● **岗前培训**。一方面是进行业务知识教育，另一方面是进行组织文化教育。

● **岗位培训**。重点是对员工业务能力的培养。

● **转岗培训**。这种形式实际上是通过支持员工个人发展、提升个人综合素质使员工感受到组织的关心。

● **自我培训**。激励员工自我学习，不断地实现自我、超越自我。对员工的技能改进、学业提升实施奖励；对技能水平达到一定高度的员工进行晋升；通过各种形式的竞赛、活动，对员工的积极表现进行确认和表扬等。

教育培训的最终目的是让员工受益，从而带动企业提高效率，获得高增长。要实现这个目标，企业就必须充分考虑广大员工的利益需求，不断为员工提供可自由发挥的空间，让员工在培训中获得超越与发展。

许多大型公司不惜重金建立了自己的培训基地，有的企业甚至建立了专门用于员工培训的学校,使得企业不仅仅是一个工作的场所,也是一个获取知识的课堂,员工在企业不仅仅为了付出而感到快乐,更会因为获得更多而付出,并为企业贡献才智。

> **案例**
>
> 爱森公司是一家促销代理商,该公司为其员工开设了一所午间大学,设有一系列内部研讨会,由外部专家亲临讲授,涉及的课题有直接营销和调研。
>
> 此外,如果员工要获得更高学位,而这些学位又与业务有关,员工也能考到好成绩,公司则会全额资助。
>
> 该公司的行政总监杰弗里说:"我们将公司收入的2%投入到各项培训教育中去。员工对此表示欢迎,因为这是另一种收入形式。"

⇨ 旅游及专项活动

以前,企业对员工的奖励通常是发奖状或发实物,如今,除了物质奖励和精神奖励这两种传统的奖励外,越来越多的企业采用了"旅游奖励及专项活动"的方式来激励员工(见表1-8)。据调查,该方式不仅企业愿意推广,员工也乐意接受。

表1-8 旅游奖励的优点

激励方式	优点
团体旅游; 由员工自己携带配偶或同伴出去旅游; 与之类似的奖励有:考察、参观、听音乐会、组织观看各类大型赛事,如足球赛等。	可缓解工作压力,融洽员工之间的关系,并且有利于管理层更加了解员工的想法; 经过几天的休息,使员工更好地投入工作,有助于开阔思路; 有利于培养员工的团队精神。

专家们普遍认为，实行旅游奖励制度会产生多方面功能：同事结伴出游可以培养团队精神，是企业的一种培训方式；如果规模较大、人数众多，组团旅游也是企业的一种广告宣传方式。

目前，已经有很多企业采用了这种奖励方式，这主要有两方面的原因：

● 一方面，因为它比物质奖励更有原动力，对优秀员工采取"旅游奖励"，有利于激发员工的积极性。

● 另一方面，优秀员工有了荣誉感，能更好地推动整个企业工作的开展。

据江西省南昌市海通公司董事长的介绍，该公司自成立以来，就很重视对员工采用"旅游奖励"的方式进行激励，因为他们已经越来越感觉到，单纯的精神奖励或物质奖励对员工已没有吸引力了。相反，旅游奖励的兴起，给员工和企业带来了新的激励契机。

这种新颖的奖励办法，大大激发了员工的积极性。尤其是在免费旅游中，欣赏那些风景迷人的名山大川、异国风情，员工们通常都会长时间津津乐道，久久难以忘怀，从而带动更多员工的积极性。与此相比，纯现金奖励则容易随着时间推移而被人淡忘。

任职于某私企的一位员工说："平时没时间出去'玩一玩'，有了'旅游奖励'，正好可以借机出去，既可放松身心，又能开阔眼界、增长见识。如果企业单纯发奖金，或者放假让员工各自去旅游，说不定就不会出去了。"

随着物质生活水平的提高，员工对物质和现金不再表现得那么"热衷"。这就要求管理人员要适应市场的变化和需求，根据员工的需要调整自己的激励策略，从而更好地迎合员工的需要。

四大类型员工的激励技巧

在企业里，有的员工想成为技术专家；有的员工想到本公司的其他部门工作；有的员工想发展与现有工作岗位相关的技能；有的被提升到管理岗位的员工并不想做一名管理人员；还有人认为他们的满意感主要来自群体中的合作精神。

温馨提示

员工的需要因人而异。激励的起点就是满足员工各自的需要，充分尊重其选择。因此，激励要考虑个体需要的差异，结合不同激励对象的需求特点，有针对性地采取相应的激励措施，只有满足了他们最迫切的需要，激励的效价才最高、强度才最大。

比如，对一个经济较为紧张的员工来讲，口头奖励往往没有物质奖励有效；对一个权力欲较强的下属进行奖励，加薪远不如晋升有效。

如何对个人进行不同的激励，是一门领导艺术，涉及管理者的个人阅历、敏感度及管理经验等，它是在实践工作中慢慢"悟"出来的。

在制定和实施激励措施时，首先要对员工进行分类，然后再制定相应的激励措施。在现实中，企业内的员工类型可以分为指挥型、知识型、实干型和关系型。针对不同类型的员工，领导者应该分析其类型特点，采取不同类型的激励技巧，这样才能取得良好的激励效果。

◇ 指挥型——实权在手

指挥型的员工喜欢命令别人去做事情，他们一般是公司里老资格的员工，其需求往往是工作上的安全性、成就感和希望得到他人的尊重。

他们通常会拥护公司传统的职业发展道路，希望通过学习了解如何行使多项职责；如何管理人数不断增加的员工队伍，以及如何运用人际交流技巧。他们渴求的是不断往上升迁的机会，希望职位越来越高，薪水越来越多。

对他们进行激励可能是最容易的，因为他们的要求很明显。但是，在资源有限的环境下，他们也可能是最难取悦的人，你可能无法给他们提供那些东西。所以，你需要以其他的方式提升其职位价值。例如：

● 分配挑战性的工作，让他们管理大项目。

● 与他们讨论基于绩效的、务实的工作成果，就某些管理事项询问他们的意见，这样他们就会觉得自己的管理才华真的派上了用场。

● 邀请他们出席重要会议，参与更高一级经理的工作目标的设计，甚至参加一些很高层的决策会议。

● 派他们去参加某些研讨会，使他们得以提升自身管理技能。

● 让其指导比其水平低的员工，给他们冠以一个比以前更有声望的头衔。

面对这一层次的员工，领导者在选取激励方式和方法的时候，应该注意以下几点：

● 支持他们的目标，赞扬他们的效率。

● 领导者要在能力上胜过他们，使他们服气。

● 让他们在工作中弥补自己的不足，而不要一味地指责他们。

● 避免让效率低和优柔寡断的人与他们合作。

● 帮助他们通融人际关系。

● 容忍他们不请自来的帮忙。

● 巧妙地安排他们的工作，使他们觉得是自己安排了自己的工作。

● 别试图告诉他们怎么做。

● 当他们抱怨别人不能干的时候，问他们的想法。

◇ 知识型——长期效应为主

随着社会的发展和人们生活水平的提高，越来越多的人在选择工作时已经不仅仅是为了生存。特别是对知识型员工而言，工作更多的是为了获得一种成就感。他们擅长思考，分析能力一般很强，常常有自己的想法，喜欢用事实和数字说话。

知识型员工的特点如下：

● **较高的个人素质**。他们拥有较高的学历和能力素养，不再是仅仅出卖劳动力的"机器"，对于专业知识，甚至经济、管理等都有较多的认识，掌握着最新的技术。

● **很强的自主性**。知识型员工是一个富有活力的群体。他们倾向于拥有一个自主的工作环境，不愿意受制于物，而更强调工作中的自我引导。

● **有很高价值的创造性劳动**。他们从事的不是简单的重复性劳动，而是在易变和不确定的系统中充分发挥个人的才干和灵感，应对各种可能发生的情况，推动着技术的进步。

● **劳动过程难以监控**。知识型员工的工作往往是无形的，没有固定的流程和步骤，固定的劳动规则并不存在。因此，对劳动过程的监控既不可能，也没有意义。

● **劳动成果难于衡量**。由于劳动过程难以监控，而且完成工作依赖的因素很多（包括同事、团队的协作），因此劳动的成果一般难以衡量。

● **强烈的自我价值实现愿望**。知识型员工往往更在意自身价值的实现，并强烈期望得到单位或社会的认可。他们不满足于被动地完成一般性事务，而是尽力追求完美的结果。因此，他们更热衷于具有挑战性的工作，渴望实现自我价值。

这类员工一般年纪较轻，受过良好的教育，收入能够维持在一定的水准。但是因为年纪较轻，他们最主要的需求不是得到更高的工资，而是个人的发展，想学到更多的东西，以满足将来更好的发展。换句话说，就是对知识型的员工来说，激励应该以长期效应为主。

建立一种完全适应知识型员工的良好的培训机制，是对这类人最大的激励。当然，为了进一步激励这些人，除了良好的培训以外，还需要使用提高薪金待遇等方法。

对知识型员工可采取下列激励措施见图1-5。

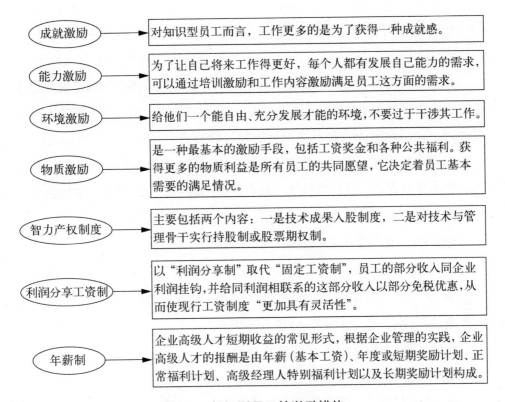

图1-5 知识型员工的激励措施

领导者在激励这部分员工的时候,还应该注意以下几点:

- 肯定他们的思考能力,对他们的分析表示兴趣。
- 提醒他们完成工作目标,别过高追求完美。
- 避免直接批评他们,而是给他们一个思路,让他们觉得是自己发现了错误。
- 不要用突袭的方法打扰他们,他们不喜欢惊奇。
- 诚意比运用沟通技巧更重要,因为他们能够立即分析出别人是否有诚意。
- 必须懂得和他们一样多的事实和数据。
- 别指望说服他们,除非他们的想法与你一样。
- 赞美他们的一些发现,因为这是他们努力思考得到的结论,并不希望别人泼冷水。

⇨ 实干型——目标激励为主

实干型员工的主要特征是喜欢埋头苦干。他们做事谨慎细致，处理程序性的工作表现得尤为出色。征服难度越来越大的挑战，是这种类型的人的主要追求。他们愿意为战胜困难而付出额外的努力。

只要向他们提出挑战，明确实现的目标，你会发现他们在设法超过其他人，努力争取成功。他们以最快、最有影响、最自信、最成功、最出色作为自己的目标，看报告也不喜欢大段的分析，而是直奔结论。

造成实干家干劲不足的原因，主要有：

● 管理人员的优柔寡断。

● 管理人员所定的目标高不可及，即使通过努力仍无法达成。

● 时间限制和压力使他们喘不过气来。

● 枯燥的、缺乏竞争性的日常事务。

● 不受人注意，得不到同事和管理人员的认同。

● 没有有效控制资源的权力。

综合以上原因，对于实干型员工，管理人员可采用以下激励措施：

● **物质激励**。该类员工通常收入比较低，最主要的激励因素即满足他们的第一需求，提高薪金待遇，鼓励其努力工作。

● **安排挑战性的工作**。及时给予反馈，使其了解自己干得有多好，还有多少工作未完成。

● **制定明确的、通过努力能达到的目标**。让员工充分发挥自己的能力，管理人员只需多给他们出主意、想办法。

● **进行有效的沟通**。这类员工通常缺乏安全感，沟通对他们是一个很好的激励方法。沟通时一定要切中主题。

● **口头表扬不可忽视**。对于利益高于一切的人来说，口头表扬可能是"只听楼梯响，没见人上来"；但对于追求上进的员工来说，它却意味着鼓励。口头表扬被认为是当今企业中最有效的激励办法。

- **保持肯定的态度**。对他们所提的问题和想法，要保持肯定的态度。也许他们的想法并不总切实可行，但作为管理人员，应该鼓励他们，只有如此，企业才会生机勃勃。如果你对他们持肯定和引导的态度，他们就会主动替公司分忧。
- **公开奖励他们**。认可并支持他们的工作。当你问员工是什么让工作变得有吸引力时，名列第一的因素通常不是钱，而是上级对他们工作的赞赏和认同。

◇ 关系型——以情动人

关系型的员工关注的对象不是目标，而是人的因素，他们的工作目标就是打通人际关系线。希望工作中的一切情况正常，希望每个人都很开心和满意。他们不喜欢出现摩擦、紧张及漠视他人，他们总是在问："为什么大家不能好好相处呢？"

造成关系型员工干劲不足的原因：

- 一个缺乏支持的工作环境。
- 上级的咄咄逼人。
- 工作中"扯皮"现象严重，缺乏协作精神。
- 个人批评、指责。
- 背叛的行为。
- 有自私的表现。

对于这种类型的员工，领导者应该考虑采取下列的激励技巧：

- 确保办公环境温暖宜人。
- 对员工进行情感和物质激励。
- 了解并承认他们个人的具体情况，对遇到困难的人员给予指导。
- 以请求商量的方式交代问题，表明和认可他们目前的工作成绩。
- 对他们的私人生活表示兴趣，与他们谈话时，要注意沟通技巧，使他们感到受尊重。

● 由于他们比较缺乏责任心，应承诺为他们负一定责任。

● 给他们安全感。

● 给他们机会，充分地和他人分享感受。

● 别让他们感觉受到了拒绝，因为他们会因此而不安。

● 把关系视为团体的利益来建设，将受到他们的欢迎。

● 安排工作时，强调工作的重要性，指明不完成工作对他人的影响，他们会因此而努力地拼搏。

走出激励的五大误区

在高明的管理人员眼中，激励是一门绝妙的艺术，玩之于心，用之于行，无不赏心悦目！作为管理人员，应当学会用艺术的方法对员工进行激励。

由于激励的特殊性，激励行为必须遵循一定的原则，力戒随意性、神秘性和专断性。激励措施有很大的风险，在制定和实施激励时，一定要谨慎。

美国企业界巨子艾柯卡说："企业管理无非就是调动员工积极性。"而调动员工积极性正是管理激励的主要功能。将激励成功地引入企业管理必将大大激发员工的聪明才智，给企业发展带来强大动力，同时也将企业管理带入更高的境界。

许多企业为了激励员工，想出了各式各样的方法，但是却没有达到预期的效果，甚至有时候适得其反。为此，许多管理人员深感迷惑。

为什么会出现这种情况呢？除了激励方式不对外，主要是因为他们在激励时走入了误区。管理人员在进行激励时，常常陷入以下五种误区。

⇨ 激励无关紧要

激励机制是企业人力资源管理的核心，它的建立和运用，在很大程度上影响着企业的兴衰。松下幸之助曾说过："公司是培养人才的地方。"如果我们希望企业有未来，就要在员工身上花精力，员工在受到激励后是会加倍回报公司的。

激励是企业取胜的法宝，它不是无关紧要的，管理人员一定要正确认识激励的重要性和作用。

在企业管理中引入激励机制不仅是企业现代化管理的表现，更是迎接未来挑战的一剂良方。其实，企业里每一个员工的心中都有一根蜡烛，都渴望被点亮，而管理人员就是火焰，要使公司的火光永不熄灭，管理人员在员工激励方面必须有所建树。

温馨提示

要想使员工像给加西亚送信的罗文中尉一样忠诚、敬业、服从，企业应该建立起一种良好的激励机制。让员工看到企业的希望，使其个人的价值能得到真正的体现，从而才能培养出无数个我们想要的"送信人"。

反过来，当员工得不到激励的时候，管理人员就得面对无休止的检查、争论和消极怠工。受到激励的员工会比其他人更愿意作出奉献，而且由于受到很好的激励，无论是激励者还是被激励者，都会使工作变得更加有趣。

激励不当导致人财两空

现年30岁的小刘，1996年某名牌高校经济管理系毕业后，就职于大连市某产业投资有限公司。由于全身心投入工作，三年后，她被提升为该公司投资管理部项目经理。在任职期间，她不但业务精通，为人谦和，而且精

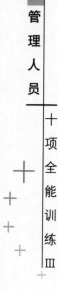

打细算，机敏过人，很快使公司炒股盈利达300余万元。

小有成就后，小刘自豪感倍增，便找公司领导要求提高待遇，增加工资。第一次时，领导说要商量商量再说。过了一段时间，仍没有任何动静，她便又去找了领导几次。可是，在近半年的时间里，她的要求始终没有得到领导的批准，领导也没有找她谈过一次话。于是，她感到愤怒和不平，并为此怀恨在心。

2000年7月的一天晚上，她为达到泄私愤的目的，偷偷将公司的股市资金账号、股东代号、交易密码以及所拥有的股票代码、数量、卖价等告知其丈夫田某。次日早晨，田某利用电脑，采用驻留自助委托方式，擅自以跌停价和近跌停价将小刘所在公司拥有的数只股票以低价卖出，造成公司直接经济损失190多万元。（摘自林州商务网）

小刘的所为当然不对，她和丈夫田某也必将受到法律的制裁。但是，如果当时领导能拿出少部分钱对她进行奖励，或者在工资待遇方面予以一定的提高，那么这件事就不会发生。

这正是因为公司领导疏忽了激励的重要性，最终不但损失了资金，更重要的是丧失了日后可能会给公司创造更多利润的人才，其损失不可谓不大！

⇨ 激励＝奖励

激励不就是奖励吗？

这是目前国内很多企业中普遍存在的一个误区，他们简单地认为激励就是奖励。因此，在设计激励机制时，往往只片面地考虑正面的奖励措施，而轻视或不考虑约束和惩罚措施。

其实，这两者不是同一个概念。奖励侧重于事后，而激励主要是事前采取的措施，应该说奖励是激励的组成部分，而不是它的全部。

● 从字面上看，激励有激发、鼓励、诱导、驱使之意。在管理科中，激励不等于奖励。仅仅将激励狭义地理解为正的鼓励，只强调利益引导是不准确的，用于指导实践则是有害的。

● 从完整意义上说，激励应包括激发和约束两层含义。奖励和惩罚是两种最基本的激励措施，是对立统一的。需要被剥夺的时候也可以激起员工的紧张状态，使其有较高的积极性。

有些企业虽然也制定了一些约束和惩罚措施，但由于各种原因，没有坚决地执行而流于形式，结果没有达到预期的目的。

在中国的企业界，有这样一种现象：国有企业不重激励重约束，留不住人才；民营企业重激励不重约束，也留不住人才。可见，只强调对激励的重视还是不够的。

温馨提示

企业的一项奖励措施，往往会使员工产生各种行为方式，其中有一部分并不是企业所希望的。因此，必须辅以约束措施和惩罚措施，将员工行为引导到特定的方向上来。但是，使用惩罚措施时要注意，惩罚力度不能过大，要多用奖励，辅以惩罚。

武汉晨鸣公司采用严格的管理制度，拿制度来约束员工行为，取得了很大的成功。这对我们是个很好的借鉴。激励正确的事、约束错误的行为，才是正确的管理之道。

案例

L公司为了给员工营造一个整洁规范的工作环境，决定进行卫生评比活动，由公司领导每月组织检查并评比打分，评比结果进行公布，优胜者将受到奖励，评比低于一定分数者将给予处罚。

在一次评比中，公司的一位高级职员刘先生因为工作太忙，忽视了对办公室的整理，在评比中得了创记录的低分，因而被罚扣半个月的薪水。

而另一位普通员工，因为表现优秀，受到了表扬，并把刘先生被扣的钱奖励给他。

此事在公司上下震动很大。从此以后，大家更加注重卫生工作，谁也不敢马虎。工作环境得到了很大的改善。

⇨ 金钱万能论

在物质生活日益丰富的今天，很多人相互见面，问候语常是月薪多少，一年有多少。街上匆匆来去的年轻男女，跳槽的记录可能让人吃惊，一年之内换四五家的并不在少数。

这让很多管理人员误以为薪资是所有问题的答案。优厚的薪资当然重要，但是员工激励是多角度、多元化的，不一定每次激励都要花钱——但一定要花心思。除了金钱之外，还有很多激励手段可以使用。

案例

小丽是某科技公司文秘，在进公司之前，她决定只要公司给的钱差不多，她就先干下来，给自己一个锻炼的机会。其实，她最终的目标是成为一名管理人员。

面试时，公司答应试用期给她2 500元，一月后涨到3 000元。小丽觉得还不错，马上就答应第二天去上班。

转眼，小丽就在该公司工作了一年多，她的工作表现很不错，领导对她也很满意，在这期间，公司又给她提了两次工资。

虽然工资是提上去了，也得到了领导的器重，但是她却根本兴奋不起来。她越来越发现，想在该公司往管理方向发展，是不可能的了。基本上，该公司的一些管理人员都是老总的亲戚或朋友。像她这样没有背景的女孩，也就只有永远听从老板的调遣了。

于是，她向公司提出辞职，虽然老板一直挽留，并承诺只要好好干，过一段工资还能涨。最终，小丽还是拒绝了老板。

该故事中的老板，根本不知道小丽要的是什么，他以为只要加薪就能留住人。其实，这是不对的，在人的基本需要被满足后，他们的需求就会发生转移。管理人员在激励员工时，一定要紧紧抓住这一点，只有这样才能把工作做好。

钱最多能避免一些问题的出现，但这并不意味着，我们应该不惜时间和资源为企业买来高质量，或用钱鼓励个人努力工作。毕竟，天不遂人愿。

但是，金钱起不到激励作用，这种观念也存在很深刻的问题。说来说去，如果把员工的工资减半，他肯定怒火万丈，但是，即使给员工工资加倍，他也不会一下变得更称职、更勤奋或更有可能干好工作。

金钱激励法并非是唯一完全引爆员工干劲和雄心壮志的万灵丹。虽说"有钱能使鬼推磨"，但金钱的效力仍有一定的限制。单靠金钱这一项诱因并不足以完全引发员工的工作动机，金钱只有和其他引发动机的因素整合起来，才能达到最好的激励效果。

比如，员工很重视与工作伙伴之间的关系，这就不是金钱能完成或取代的。再者，金钱不能激励员工的另一个理由，则与心理因素有关。一般人在达到一定经济水准之后，便会转而追求其他方向的满足，对他们来说，那些东西比金钱更具价值。

温馨提示

真正的激励因素包括成就、对成就的认可、工作本身、责任和晋升。即使算作是一项激励因素，薪水也只是位于这一组因素之后，赫茨伯格经实验得出结论：在所有因素中，金钱仅列第六。

在过分依赖金钱因素来激励方面，德鲁克的观点也许是最根本的。他在《管理：任务、责任、实践》(*Management：Tasks，Responsibilities，Practices*)一书中指出：

经理人必须真正降低物质奖励的必要性，不要把它们当作诱饵。物质奖励大幅增加，虽然可以获得所期待的激励效果，但付出的代价实在太大，以至于超过激励所带来的回报。

所以说，金钱激励不是万能的。

◇ 激励措施"一刀切"

"一刀切"就是指企业误认为，同样的激励可以适用于任何人。

许多企业在实施激励措施时，并没有对员工的需要进行分析，"一刀切"地对所有的人采用同样的激励手段，结果适得其反！这是因为他们没有意识到到激励的基础是需要。同样的激励手段不可能满足所有的需要。

在管理实践中，首先要分析不同类型员工的需要，找到他们的激励因素，针对性地进行激励，才能有效。

案例

某科研单位是国家重点单位，在科研技术方面有着很大的贡献，然而，最近几年他们的技术人员离职率却很高。调查发现，该单位实行全体员工"一视同仁"的激励手段，对科技人员和工人采用同样的方法：奖金加表扬。科研人员得不到实质的尊重和地位，积极性受到打击。

刚走的小王就是一位热心钻研的科研人员，经过两年的辛勤劳动，获得了一项科技成果，受到了领导的表扬和物质奖励，但是对于这项成果的市场推广，领导却并未放在心上。

不久，小王便选择了离开。因为他需要的并不只是奖金和表扬，他追求的是事业的成就感。

这个案例说明，对于不同的个体应当具体分析，采取不同的激励方法。对于普通员工来讲，采用物质激励可能会更有效。

相反，对于高层次的技术人员，来自于内在精神方面对成就的需要更多些，企业要想留住他们，除尽量提供优厚的物质待遇外，还应注重精神激励（如优秀员工奖）和工作激励（如晋升），创造宽松的工作环境，提供有挑战性的工作来满足他们的需要。

> **案例**
>
> 不久前，报纸上载有这样一件事：C企业某员工是车间的技术革新能手，十几年来为国家节省资金几百万元，其事迹被媒体报道后，本人被评为全国劳模，企业还破格晋升他为公司副总经理。
>
> 可是，他既不熟悉公司业务，又缺乏领导能力，员工请示工作时，他总是说："你们看着办吧"、"请示某某领导再说"。这样的批示使下面难办，他自己也感到别扭，苦恼于有劲使不出。
>
> 三个月后，他要求重操旧业，被批准后，又干得有声有色，并有多项发明申请了国家专利。

拿破仑曾说过"不想当将军的士兵不是好士兵。"一些公司在奖励"好士兵"时往往将其晋升到领导岗位上，鼓励其当"将军"。殊不知，"好士兵"未必能成"好将军"，如此的激励没准"捧杀"了无数的"好士兵"。

企业如果能彻底打破薪酬待遇与管理级别、职位高低挂钩的做法，在每一个职位上创造英雄，就能使"好士兵"得到最好的激励。

◇ 一劳永逸的激励机制

很多企业在进行激励时，总是照搬其他企业的做法，甚至有的企业在建立了激励机制后就不再更新，认为从此可以一劳永逸。

其实，激励是变化的，即使是同一企业，在不同的发展阶段，也应有不同的激励方式，不能一成不变，企业要不断创新激励机制。

在进行激励机制的创新时，应遵循以下几个原则：

● **激励机制要创造，不要抄袭。**管理者可以参照其他组织的做法，寻求灵感。但是，最好的激励机制就算不是全面创新，至少也要针对某一独特情形而改编。因此，它是一个组织中全体成员参与创造的过程，是与本企业情况相符的。

● **要允许组织机制不断进化。**一个创新机制在实际运用当中，可能会产生各种意想不到的负面效果而需加以修正。即使是一开始就运作得很完美，也需不断地加以改进，以适应情况的变化。

● **建立全套完整的组合。**只采用一套激励机制固然不错，但是几种机制互相强化，形成组合则更好。

激励就是"分蛋糕的方法"。企业不要以为自己的激励不需要创新了，人在不断变化，激励就需要不断适应各种变化。

需要的可变性是指需要的迫切性，从而需要的层次结构是可以变的。改变的原因可以有两个：

● 其一，原来迫切的需要，通过某种活动已在一定程度上得到满足，紧张已经得到消除，需要的迫切性也随之消除。

● 其二，由于外界环境的影响，改变了人们对自己的各种需要得到满足的迫切性的认识，使原来的迫切需要现在"退居二线"，而一些原来不是很迫切的需要现在成为影响人们行为的迫切需要了。

作为企业的领导，应该善于将企业的发展与员工的需要进行巧妙的结合，通过一些有效的激励措施，既鼓舞员工的士气，又推动企业的发展，真正实现双赢的局面。

第二章

情绪管理——打开心情的"枷锁"

工作任务繁重琐碎、人际关系错综复杂、角色冲突矛盾重重、工作环境压抑烦躁……太多太多的压力像潮水一般，一浪接一浪地向我们蜂拥而来，我们的心理承受能力也因此像快要决堤的大坝一样岌岌可危。

怎么办？

怎么办？？

……

为此，我们需要进行情绪管理。它将教会管理人员面对重重压力，调整员工的情绪，使其快乐地生活和工作。

情绪管理是近年来引人注目的话题，被认为是企业获得成功的新秘诀。然而，它也是现代企业人事管理的一个盲点，仅仅被作为一种艺术手法存在于领导艺术之中，常常被人力资源管理者所疏忽。

西门子怎样扭转恐惧与不安的气氛

尼克斯多夫信息系统(SNI)公司创立于20世纪90年代前期,后被西门子公司收购,成为了欧洲最大的信息技术供应商。但在90年代中期,SNI公司一下子将52 000名雇员裁减到35 000名。一时间,不安与恐惧的气氛弥漫了整个公司。

1994年,舒尔迈耶在混乱时刻担任首席执行官,他通过自己的方式获得了雇员的信任和合作,把他们的情绪从不安和恐惧中调整了过来。

舒尔迈耶到任后,尽量多接触雇员。在万人大会上,他同每个人分享了他对如何经营公司的想法,为大家清晰地描绘SNI目前的惨淡状况:尽管已经降低成本支出,公司仍然不断亏本。公司还将进一步削减开支,而每个部门需要提高自己的生存能力,否则就被淘汰。

舒尔迈耶对如何作出决定制定了清晰且严厉的规范。雇员们并不喜欢听到这些,但他们却表示了理解。然后,舒尔迈耶就询问是否有人愿意出来发表意见。

在3个月内,志愿者队伍由最初的30名增加到了75名管理人员和300名雇员。此后总数从405名增加到1 000名、3 000名,然后是9 000名,而其他员工也积极帮助拯救公司。自始至终,员工都了解该怎么作决定,意见和想法也交给那些拥护并愿意筹集资金的管理人员处理。

如果管理人员认为一个计划没有优点的话,他就不执行。尽管20%—30%的计划都遭到了拒绝,但员工们认为这样的过程是公平的,他们的情绪没有受到打击,仍然保持着激情。

员工的自愿性提高了——往往留下加班,有时甚至干到深夜。尽管某些产品持续亏损,变革也艰难曲折,SNI公司还是在短短的两年中开始盈利,员工的满意度也翻了一番。

到目前为止，很少有公司能够在压力重重的结构调整中将雇员的道德和合作精神如此聚合起来，管理人员应该从舒尔迈耶身上学习如何调动员工的情绪。

工作如行船，情绪则是航行之风，逆势而为只会不进反退，顺势而起则能一路顺风。这就要求我们的管理人员能很好地引导员工的情绪，对其情绪进行控制，做到适时激发积极情绪，积极化解消极情绪，正确控制爆发情绪，善于诱导潜在情绪，努力培养持久情绪，使员工的工作效率达到最高。

何为情绪

案例

员工小李年轻气盛，脾气很坏，动不动就大发雷霆，不经意间得罪了不少同事和客户。由于他工作能力很强，经理决定好好管管他的脾气，把他改造得更全面一些。于是，经理给了他一盒大头针，并且告诉他，当他想发脾气时，就在纸上钉一根针。

第一天，小李钉下了20根针。慢慢地，他可以控制自己的情绪，不再乱发脾气，所以每天他钉下的针也越来越少，他发现控制自己的脾气比钉下那些针要来得容易一些。

终于，经理告诉他，现在开始每当他能控制自己脾气的时候，就拔出一根针。一天天过去了，最后小李告诉经理，他终于把所有的针都拔出来了。

于是经理告诉他说："小李，你做得很好，但你看看这些被你扎的针孔，永远不能恢复到从前的样子了。当你生气的时候所说出的话就像这些针一样，会在他人的心里留下难以弥补的疤痕，有些甚至是难以磨灭的呀！"

这一天，小李终于懂得了情绪管理的重要性了。

情绪是一种能量，它可以被管理。情绪管理就是先处理心情，再处理事情。情绪管理大师高曼博士说过："情绪管理不是情绪压抑。"

心情处理不好，事情怎能做好，员工的情绪状态对工作绩效和生活品质有很大的影响，处于积极、自信、热忱、快乐的情绪状态和处于烦恼、无聊、消极、挫折感等负面情绪状态，工作绩效会有很大的不同。

⇨ 情绪的内涵

情绪反映了客观事物与主体需要之间的关系，它们是由客观事实是否符合并且满足人的需要而产生的，是对事物的态度和体验。情绪的产生过程可参见图2-1。

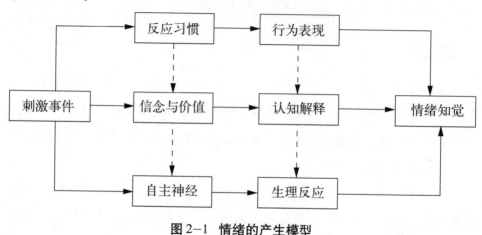

图2-1 情绪的产生模型

通常来说，能够满足员工需要的事物，会使员工产生满意的情绪；不能满足员工需要的事物，则会使员工产生否定的情绪。

情绪是伴随着认识的产生而产生的，并且随着认识过程的发展而发展。没有对人、事、物的认识，也就没有什么情绪可言，对事物的认识不同，情绪自然也各异。反过来，情绪又对人的认识活动起着重要的调节和推动作用。

1. 情绪的存在形式

● **心境**。心境是一种比较微弱，而在较长时间里能持续存在的情绪状态。它不是关于某一事件的特定体验,而是弥散性的一般情绪状态。它是一种内心世界的背景,往往在一段较长时间内影响一个人的言行和情绪,使之每时每刻都受这一情绪背景的影响,并产生与这一心境相关的色调。具体可见表2-1。

表2-1 心境的类型及特点

特点	缓和而微弱; 持续时间长; 是一种非定向的、弥散性的情绪体验。
原因	人对引起心境的原因并不都能清楚地意识到,但它的出现总是有原因的; 工作、事业的成败、人际关系、健康状况、天气、环境,都可成为某种心境的原因; 对有重大影响的事情的回忆、无意间的浮想,也会导致与之相关的心境的重视。
类型	积极的、消极的。
影响	积极、良好的心境,有助于提高效率、克服困难; 消极、不良的心境,使人厌烦、消沉。

● **激情**。激情是一种强烈的、爆发式的、激动而短促的情绪状态,属于在"激动—平静"维量中偏激动的情绪,常常由意外事件或对立意向冲突而引起。激情可以是正面的,也可以是负面的。它有明显的外部表现,暴怒、惊恐、狂喜、悲痛、绝望的激烈状态都是激情的例子。具体可参见表2-2。

在激情状态下,人的认识活动范围往往会缩小,一时间理智分析和控制能力均会减弱。

表 2-2 激情的类型与特点

特点	激动性和冲动性； 发作短促，冲动一过，立即减弱或消失； 往往由专门对象引起，指向性较为明显。
原因	生活中的重大事件和强烈刺激。
类型	积极的、消极的。
影响	积极的激情是人类行为的巨大动力，有动员人的作用，但不可过度激动； 消极的激情可产生不良后果，应当避免负面的过分激动。例如，转移注意力，以冲淡激情爆发的程度。

● **应激**。应激又称应激状态，是出乎意料的紧张与危险情况所引起的情绪状态。应激状态改变了机体的激活水平，生理系统会发生明显的变化，从而增加机体活动能量，以应付紧急情况，它的作用有积极的也有消极的。

2．情绪的重要性

● **情绪是生命不可分割的一部分，是适应生存的心理工具。** 从生理学的角度分析，情绪其实是大脑与身体相互协调和推动所产生的现象。因此，一个正常的人是必然有情绪的。不仅如此，没有某些情绪的人，其实是有缺憾、不完整的人，其人生不是有欠缺，就是非常痛苦。情绪的存在，能引发人的心理活动和行为动机，情绪是心理活动的组织者。

● **情绪给我们提供了学习的机会，是人际沟通的重要手段。** 人生中出现的每一件事都给我们提供了学习怎样使人生变得更好的机会。情绪的出现，正是保证我们有所学习。每份情绪都有其意义和价值，不是指给我们一个方向，便是给我们一份力量，甚至两者皆有。

如果我们没有不甘心被别人看低的感觉(愤怒)，我们便不会发奋。就如我们没有痛的感觉，就不会把手从火炉上抽回。试想，如果我们没有恐惧，生命会变得多么脆弱!

● **情绪为企业提供了"资产"和"负债"**。情绪一直是推动企业改变的基本动力,到今天更是如此,情绪资本将成为每个企业资产负债表上的一项重要资产(见表 2-3)。许多管理人员都想在组织中消除情绪对人的行为的影响,这是不可能的,也是不现实的。假如能够实现的话,那么,这个组织恐怕也就难以生存了。

表 2-3 情绪"资产"与"负债"

资产	人的忠诚、热情、干劲、责任感、自信等,全都是情绪变量,甚至所有我们高度重视的价值也都是情绪变量。例如,激励是一种情绪的力量,此外,人的知识创造力、艺术创造力也是涉及情绪因素的过程。 在企业中,如果所有的员工都没有情绪作用,完全客观,完全合乎逻辑,那么就没有人关心组织的成败,也没有人能够被激励起来了。
负债	作为管理人员,既希望员工一方面能够表现出某些有利的情绪,同时也能够压抑某些不利的情绪。例如,敌对的情绪、反抗的情绪、蔑视的情绪、不合作的态度、不合实际的观点等。 此外,还有一些与心理有关的情绪力量,例如,狠毒、自私、不成熟、不合理性的行为等。

◇ 情绪的六大特性

人的某些情绪是无意识的,因此是个人无法控制的。管理人员能做的,只是减少情绪对员工的影响。要想进行良好的情绪管理,首先要了解情绪的特性,抓住其特征,进行分析。

情绪是个体对客观事物是否满足个体的需要,是否符合人体的态度产生的体验。情绪的特性包括六点,具体参见表 2-4。

表 2-4 情绪的特性

特性	表现
情绪发作的快速性和不精确性	在日常工作场合,同事之间如因对方不给面子,伤及自尊时,有时会反应过度,出现勃然大怒或冲动失控的状况。
情绪的附着性	当低落的情绪出现时,有时在面对人际冲突、心中留下一道裂痕后,负面的情绪也会一直盘留着,甚至形成心结与偏见,常常会旧伤复发,勾起痛苦的回忆。
情绪的情境性	人的情绪会随所处情境的变化而变化。
情绪的累积性	在个人的事业生涯追求中,常有起伏得失的遭遇,或是在人际之间相处的情绪纠葛,这些留在身上的感觉情绪,会有累积的倾向,会深化、加重原有的情绪。学习情绪管理是为了减少这些累积的不良作用。
情绪的感染性	个人快乐时,通常周围的人也多少会有轻松、快乐的心情。当与你共事的人整天闷闷不乐,你在他身边要保持开朗、喜悦的心情,就不太容易。
情绪的两极性	从极性上看,有正情绪和负情绪之分。正情绪即肯定的情绪,如快乐、高兴、满意、兴趣等;负情绪即否定的情绪,如悲伤、愤怒、厌恶等。 从性质上看,有积极情绪和消极情绪之分。积极情绪与社会利益相符,有利于个性发展;消极情绪则与社会利益违背,有碍于个性发展。

如果上面几种现象发生在负面情绪方面,就会产生一些较难收拾的局面。通过情绪管理,可以有效地引导负面情绪,并进而转化为正面的结果。管理人员要时时刻刻进行情绪管理的学习,了解、认识员工的情绪,并有效地管理员工的情绪。

情绪的两极性,除上面提到的极性、性质方面的两极性外,它在多个维度上都具有两极性。

- 增力—减力：这是动力性特征。积极情绪能提高人的活动能力，否则反之。情绪有积极与消极、愉快与不愉快之分，前者增力后者减力。
- 激动—平静：这是激动性特征。重要事情发生时，人会发出强烈的外显情绪。
- 强—弱：同一种情绪有不同的强度。
- 紧张—轻松：如果情境复杂、心理准备不足，则容易使人产生紧张感。

积极正面的情绪状态是发挥潜能的关键，情绪低落的员工工作效率将会大大下降，暴躁的情绪还会造成企业员工的内耗（抵触情绪的滋生，导致工作环节效率降低），情绪问题严重的话，可能会造成企业大面积的人才流失。

◇ 情绪的影响力

从管理者的立场出发，他希望自己管理和接触的人都是理性人，而不希望他们受到情绪的影响。在面对问题时，他们希望自己和他人都可以转变成为一台"理性和逻辑的决策机器"。因此，我们常看到某些人劝告另一些人做如下转变：

"请不要将个人因素带进工作中去，应只考虑事实"。"请冷静下来，客观地考虑这个问题"。管理者似乎认为，如果人们能够或愿意作出这样的努力，那么他就能消除恐惧、焦虑、敌意和侵犯等因素对他的思想和行为的影响了。

然而，研究表明：人的行为，无论在思想、分析、推理方面，还是在与其他人打交道时，总是无法避免情绪因素的影响。

下面从三个方面就员工情绪的影响力进行论述。

1. 员工情绪对员工行为的影响

员工情绪对员工的行为既有积极影响，也有消极影响，具体参见表2-5。

表2-5 情绪的影响

积极影响	消极影响
情绪具有放大器的作用； 情绪具有调节其他心理过程的组织作用； 情绪的信号功能。	负面的情绪会对员工的个体行为产生破坏、瓦解或干扰作用； 员工的认知作业水平、操作效率都会受到影响，甚至下降。

有这样一批数据：

> **案例**
>
> 某电信呼叫中心客户服务坐席代表的情绪问题的调查结果如下：
>
> 80%以上的客户服务代表，都曾经因为情绪不佳而与客户发生过不愉快的沟通；
>
> 在投诉电话中，60%以上的投诉原因都与员工的不良情绪有关；
>
> 95%以上的客户服务代表都反映，控制消极情绪对他们来讲，比精通最复杂的业务知识和提升沟通技巧难度大得多；
>
> 65%以上的客户服务代表都表示曾经把在工作中产生的不良情绪带回了家，从而导致了家庭的争吵和矛盾。

这是典型的情绪对员工行为的影响。工作中，不少员工都可能传染到情绪。有的员工在家里或他处受了委屈，就把情绪带到单位，从而大大地影响工作效率。

2．员工情绪对企业绩效和盈利的影响

员工的工作情绪分为积极正向的情绪和消极负向的情绪，当员工处于积极正向的情绪状态时，带给客户的将是愉悦的体验和满意的服务；而消极负向的情绪将传递员工本身的疲惫、压力甚至是烦躁，客户感受到的是推诿、不耐烦等不良服务。

据《福布斯》杂志发布的一项调查表明，白领的情绪障碍影响公司盈利。情绪多表现为"不满"：不满上级的指令，不满老板的能力，不满同事的配合，等等。

● **员工情绪对客户和同事的影响**。负面情绪不仅会降低客户的满意度，同时也会影响现场团队的士气，因此创建和谐、健康、积极的员工情绪，是管理者的重要工作之一。

● **员工情绪对工作激情的影响**。不少员工抱怨，工作繁重，压力太大，遇到工作中的难题时，常感到无助。还有人认为，工作毫无挑战性，没有动力把工作做得更好，常常没有成就感。调查表明，员工的情绪高涨，公司盈利就会增长，否则反之。

● **员工情绪导致人事变动**。管理人员要积极考虑提升员工情绪。一项调查发现，一旦员工产生不满情绪，约有 1/3 的人会产生跳槽的念头，这样就会影响"军心"。调查还表明：有 28% 对工作不满的员工已经开始重新找工作，其余的可能留在办公室抱怨，浪费时间。

3．员工负面情绪易导致安全事故

在生产实践中，不良的情绪很容易导致事故。经常出现的两种不安全情绪是：

● **急躁情绪**。急躁情绪的表现特征是干活利索但毛躁，求成心切但不慎重，工作不仔细，有章不循，"手心不一"等。

● **烦躁情绪**。其特征表现为沉闷、不愉快、精神不集中，严重时自身的生理器官往往不能很好地协调，更谈不上与外界条件协调一致。

这两种不良情绪发展到一定程度能够主宰人的身体及活动情况，使人的意识范围变得狭窄，判断力降低，失去理智和自制力。带着这种情绪操纵机器极易导致不安全行为的发生。

温馨提示

研究表明，员工在情绪失调时上班最易诱发不安全行为，酿成事故。当人体情绪激动水平处于过高或过低状态时，人体操作行为的准确度相当于正常状态的50%以下，因为情绪过于兴奋或过于抑制都会引起人体的功能紊乱，从而导致人体注意力无法集中，甚至无法控制自己。

因此，人们从事不同程度的劳动，需要有不同程度的劳动情绪与之相适应。当从事复杂或抽象劳动时，处于较低的情绪激动水平，有利于人体安全操作和发挥劳动效率；而从事快速紧张性质的劳动时，处于较高的情绪激动水平有利于安全操作和发挥劳动效率。

所以，安全管理人员应研究并随时掌握员工的情绪，若发现员工的不良情绪，就应有针对性地创造一种稳定的心理环境，积极引导并用理智来控制不良情绪或暂停操作。无论从事何种劳动，都应该选择在最佳情绪水平时进行。

情绪管理四步曲

在看清了情绪的真面目后，管理人员应该先了解员工的各种情绪，学会如何观察情绪、鼓励情绪、引导情绪，使自己成为一名优秀的"情绪管理者"，运用情绪管理使员工保持良好的状态和高效的产出。

◇ 让企业充满"情绪"

没有情绪的企业，是平庸的企业；拒绝情绪的企业，是悲哀的企业；扼杀情绪的企业，是残酷的企业。情绪管理首先要从企业的文化、管理理念入手，尽量创造一个能使员工情绪饱满和提升的氛围。

企业可以借助各种途径，如培训、座谈会、亲情化管理等手段，使员工的各种不良情绪得到宣泄，对员工的不良心理进行纠正和指导，长此以往，将阻挠企业文化氛围及团队建设的不良情绪拒之门外。

很多企业的管理人员曾这样要求他们的员工：不要把个人情绪带到工作中来，当你上班时，请把你的情绪留在家里。其实，这是不对的，这种做法在无形中扼杀了员工的潜能和创造力。

案例

美国成功企业 Home Depot 公司，曾提出一条十分别致的用人策略，即："凡本公司所聘用的经营、管理人员，如在聘用一年内不犯'合理情绪'，将被企业解聘。"

该公司的副总裁斯蒂夫·麦塞纳对此发表谈话说，如果聘用员工不犯一些"合理情绪"，则说明该员工没有创造性，更没有竞争力。

一个平庸保守、安分守己的员工，是绝对不会有所建树的。更重要的是，一个不"闹"情绪的员工，在竞争中丧失的机会，要比捕捉到的机会多得多，对企业可能造成的损失是无可估量的。

这种鼓励带着情绪工作的用人策略，既表现出该公司领导敢于承担责任的胸怀，也增加了员工的工作信心。

最终的结果是：Home Depot 公司不仅利润得到增长、股东权益在同行业中领先，而且高昂的士气还成为公司获得良好业绩的动力。

越来越多的企业逐渐悟出，只有在员工情绪管理上营造良好的氛围，才能以情绪带动潜能,再以潜能的发挥创造高效业绩。

宏基公司总裁施振荣把自己的创业叫做"对人的创造",他说:"我们要激发有创造力的东西,在管理上一定要合乎人性。"毋庸置疑,企业与员工之间,除了理性外,还需要感情或者是激发员工积极情绪的方式。

事实证明:今天的企业,只有成功激发员工的工作热情,才能激发员工不断突破与成长。

◇ 掌控情绪之道

有资料显示,当今世界范围内的抑郁症,很可能成为除心脏病外最大的一种疾病。其实又何止是抑郁,焦虑、易怒等糟糕的情绪像家常便饭一样困扰着人们,人们甚至把"烦着呢"常挂在嘴边。

情绪管理的第二步就是要体察员工的情绪,进行情绪分析,时时提醒自己注意:"员工现在的情绪怎样?"

常见的员工情绪有七种情况:挫折感、紧张、工作压力感、厌烦情绪、焦虑情绪、抱怨情绪和激情。管理人员的主要工作是认清各种负面情绪,找到对付的方法,引导员工远离它们。

1. 挫折感

挫折感是指一个人在实现有目的的活动过程中受到阻碍,使其需要得不到满足,引起内心剧烈冲突时的情绪状态。挫折产生的过程见图2-2。

在工作中,员工会产生多种愿望:希望实现自己的理想,成就自己的事业;希望工作顺利,得到上司的肯定等。如果因为各种原因不能实现,就会出现挫折感。它是工作中一种比较常见的情绪,需要管理人员对此有一定的了解。

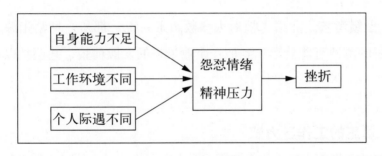

图 2-2 挫折的产生

挫折会使人的心理状态发生一系列变化。从好的方面看，它能够磨炼一个人的意志，给人以丰富的经验，增强性格的坚忍性和提高其解决问题的能力，引导一个人向创造性转变，寻找更好的人生道路。

2．员工的紧张情绪

美国一项调查表明，每 6 个被调查的员工中，有 5 个说紧张是他们工作中的主要因素。33% 的职业女性感到她们的工作非常紧张，62% 的职业女性说她们的工作是紧张的，只有 5% 的职业女性回答她们的工作没有紧张感。

具体地说，造成员工紧张的情绪有以下几种情况：

● **工作量过大**。即在可用的时间里有太多的工作需要完成。

● **工作难度大**。即员工感到完成某项工作的能力不足，这会使员工产生严重的紧张情绪。即使工作能力强的员工，也会因工作难度太大，而感到紧张不安。

● **工作太少或太简单**。这是指工作负荷过低的状态。研究表明，缺乏挑战和太多刺激一样会使员工陷入紧张的情绪中，单调和厌烦会像无法胜任工作一样使人充满紧张。

● **工作环境的变化**。比如，直接管理人员的调离或升迁，使得员工不得不面对新上司。由于对新上司缺乏了解，容易在员工心中形成一种紧张感，不知道自己是否能与新上司合作愉快。

● **业绩考核**。业绩考核对大多数员工来说，都是一种紧张源。因为一次不好的测评可能会影响到他在企业未来的发展前景，甚至是以后的职业规划。

3．员工的工作压力感

员工的工作压力感主要来源于两个方面：生活带来的压力和工作本身的压力（见表2-6）。

表2-6 压力的来源

生活压力	家庭重要成员或亲朋好友的期望和态度； 日常生活中发生的偶然或突发事件的影响及其带来的变化； 生活方式和消费结构的变化； 经济收入的压力。
工作压力	工作量过大，无法按时完成任务； 工作长期无规律性，缺乏安全感； 分工不符合自己的优势和发展方向，与同事无法协调合作； 工作前景渺茫。

4．员工的厌职情绪

厌职主要是由单调的工作所引起的身心松弛，进而对工作感到厌倦情绪。厌职情绪在女性当中最为普遍，尤其是在年终岁末的时候，辛辛苦苦干了一年，有的觉得太累，有的觉得无法实现自己的目标，有的是受周围人士的影响，总之，此时提出辞职或想辞职的员工特别多。

究竟是什么原因造成了员工的厌职情绪呢？职业专家分析，厌职情绪有三种情况，包括"挫折型厌职"、"平台期厌职"和"逃避型厌职"。

● **挫折型厌职**。主要是对目前职业的不满：工作枯燥无味、工作条件太差、报酬太低、工作时间太长、没有发展前途、同事关系难处、领导脾气不好……年轻的员工经常因此产生厌职情绪，因此常考虑通过离职来调整情绪。

● **平台期厌职**。指内心潜在的危机感和焦虑，这在具有一定工作经验和职位的员工中比较普遍。当员工对一项工作已经熟练掌握并且发现上升空间被限制的时候，厌职情绪就会袭来。

● **逃避型厌职**。有很多理由会使员工产生厌职情绪，特别是对女性员工而言：沉湎于爱情、寄希望于男友的事业、家人需要照顾……在这些情绪的影响下，即便她们没有马上提出离职，也降低了对职业发展的热情。

5．员工的焦虑情绪

焦虑是一种复合负性情绪，泛指一种模糊的、不愉快的情绪状态，其核心成分是恐惧。经常感受焦虑的人可能养成一种焦虑特质，其特点为脆弱的性格。

引起焦虑情绪的原因有三点：

● **工作得不到重视**。工作是否受到重视的重要依据就是这种工作的报酬和工作条件。优厚的报酬和优越的工作条件，比在某些场合所发出的礼貌性的赞美更有说服力。

● **形式主义泛滥**。不少企业形式主义泛滥，填表和开会是最典型的两种方式。员工会抱怨上司无所事事，而利用这些"重要会议"作为自我膨胀的机会。

● **职责分工不明确、不规范**。员工总是被安排一些难以发挥自己水平和能力的工作，不仅影响了工作效率，而且因为时间浪费在这些小事上，使员工无法充分发挥自己的专业技能，从而觉得失意、愤怒和焦虑。

6．员工的抱怨情绪

抱怨是一种正常的心理情绪，如果员工认为他受到了不公正的待遇，就会产生抱怨情绪，这种情绪有助于缓解心中的不快。公司的很多问题都是由员工的抱怨开始形成的。

员工的抱怨可谓此起彼伏，薪酬不合理、奖惩不分、制度不公、某某经理的能力不行，等等。但从总体上讲，可以分为以下四类：

● **薪酬问题**。薪酬直接关系着员工的生存质量，是员工抱怨最多的内容。比如本公司薪酬与其他公司的差异，不同岗位、不同学历、不同业绩薪酬的差异，薪酬的晋升幅度、加班费计算、年终奖金、差旅费报销等都可能成为抱怨的话题。

● **工作环境**。员工对工作环境和工作条件的抱怨几乎包括工作的各个方面，小到公司信笺的质量，大到工作场所的地理位置等都可能涉及。

● **同事关系**。同事关系的抱怨往往集中在工作交往密切的员工之间，并且部门内部员工之间的抱怨会更显突出。

● **部门关系**。部门之间抱怨的产生主要有两个原因：部门之间的利益矛盾，部门之间工作衔接不畅。

抱怨具有传染性。刚开始可能只是某个员工在抱怨，但很快就会有越来越多的员工加入。这种现象并不奇怪，因为抱怨者在抱怨时需要听众（其他员工），并且要争取听众的认同，所以他会不自觉地夸大事件的严重性和范围，并且尽力与听众的利益取得联系（为了获得认同）。在这种鼓动下，自然会有越来越多的员工偏听偏信，最终加入抱怨的行列。

其实，抱怨并不可怕，可怕的是管理者没有体察到这种抱怨，或者对抱怨的反应迟缓，从而使抱怨的情绪蔓延下去，最终导致管理更加混乱和矛盾激化。

7．员工的激情

所谓激情，是一种强烈而具有暂时勃发性的情绪。比如，暴怒、悲痛、狂欢、绝望等。

激情是由对员工有重大意义的强烈刺激所引起的，其发生比较突然，往往在员工的意料之外。在激情之下，员工的心理过程和全部行为也会随之产生显著的变化，理解力和自制力也会明显降低。

人的激情具有两极性，既有肯定的一面，也有否定的一面。有的激情可以对人产生积极的影响，有的激情却会对人产生消极的作用。

在管理工作中，管理人员要帮助员工提高认识，激发员工积极的激情，对消极的激情进行控制。

◇ 培养情绪领导人

情绪管理的第三步就是培养情绪领导人。情绪领导人是团队情绪发展的方向，是团队良好情绪与工作气氛的塑造者。有了合适的情绪领导人，才能够更好地帮助员工调动积极的情绪，抑制消极情绪对员工的影响。

要成为一名好的情绪管理者，首先，要求管理人员掌握良好情绪的标准。主要有以下四点：

● 有良好情绪的员工能正确反映一定环境的影响，善于准确表达自己的感受。管理人员不但应鼓励员工表达积极的情绪，同时也应该允许员工表达消极情绪，压抑消极情绪对身心健康是有害的，但在员工表达消极情绪后还应该正确引导他们予以克服。

● 有良好情绪的员工能对引起情绪的刺激作出适当强度的反应。员工出现过度强烈或过分抑制时，情绪可判断为不正常。

● 有良好情绪的员工应该具备情绪反应的转移能力。如果引起积极情绪的刺激环境消失了，员工还长时间地处在兴奋中，是不适当的。陷入消极情绪而不能自拔的员工，也会影响到工作的效率。

● 良好的情绪应符合员工的年龄特点。情绪反应有年龄特点，如果一个员工表现出来的情绪特点与他所处的年龄阶段不相符，则需要引起注意。

掌握了良好的情绪标准后，管理人员要教会员工调节和控制自己的情绪。这可以分三步进行，见图2-3。

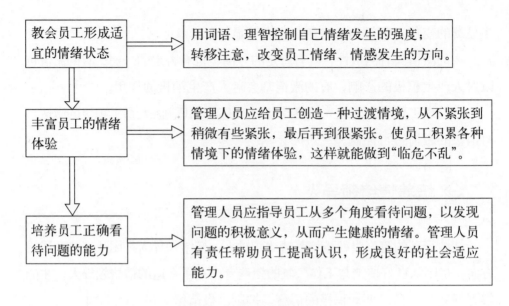

图 2-3 情绪管理三步骤

要成为一名优秀的情绪领导人，除做到以上两步外，还要求管理人员能有效地控制自己的行为和态度。管理者本身的情绪和行为表现将影响情绪管理的实施效果，给员工造成很大的影响，千万不要低估了这种影响的程度。

下面从四个方面分析管理人员的行为态度对员工情绪的影响（见表2-7）。

表2-7 管理人员行为对员工情绪的影响

交流不足	确保交流顺畅是管理的基本要求。但是，能够真正做到这一点的管理者寥寥无几，他们始终不能掌握给员工提供恰到好处的信息量的交流艺术。 交流不足，员工不能全面了解企业或项目的运作情况，常常会使其裹足不前，自满情绪严重，有的甚至觉得自己不受重视和认可，以至于缺乏工作激情。
反复无常	一个反复无常的管理者会给员工造成巨大的压力。所谓反复无常包括许多行为： ● 不能以公允合理的方式处理工作中的问题；

(续表)

	● 在相似情况下作出前后矛盾的决定； ● 最为恶劣的是，对待员工专横跋扈。 除了工作压力，反复无常还会导致对立情绪。 如果员工作出的判断与决策是正确的，那么在他们受到质疑时，管理者有责任支持他们的决定。
无法宣泄	员工常常会面对各种管理者无法控制的紧张局面，比如一位极端愤怒的客户，一个居心叵测、处处掣肘的同事等。因此，管理者必须创造一种宽松的气氛，让员工可以自由地讨论这些令人头疼的情况，以释放内心的压力。 不要对员工指手画脚，更不要讲大道理，你需要做的是倾听，舒缓员工紧张的最佳方法就是做他们的听众。如在员工例会上，留出一些时间让他们倾诉工作压力。这有助于在员工中建立起有难同当的气氛，对缓解工作压力大有好处。
不会赞赏	管理者的鼓励与赞赏能起到巨大的推动作用。许多管理人员没有意识到自己这方面的影响力。如果管理人员从来不对员工的努力表示赞赏，容易使其产生一种消极情绪：员工会感觉被低估、受轻视。 如果员工感觉到他们的辛勤工作得到了承认与肯定，他们会有成就感；相反，如果他们的付出不能得到相应的肯定，就会情绪低落、萎靡不振。

管理人员在工作中要不断学习，不要被情绪所主导，努力使自己成为一名优秀的情绪领导人，带领你的团队朝着更高的目标迈进。

◇ 缓解情绪

成功的情绪管理，不仅要求管理人员把握员工的各种情绪，更重要的是，能以合适的方式，疏导、督促消极情绪员工，使其以良好的情绪投入工作。

温馨提示

要提醒管理人员的是：缓解情绪的目的在于给员工一个理清想法的机会，从而更有能力去面对未来。如果缓解情绪的方式只是让他们暂时逃避痛苦，随后需承受更多的痛苦，这便不是合适的方式。

员工有了不舒服的感觉，要劝告他们勇敢去面对，而不是选择逃避。管理人员应多考虑以下几个方面的问题，从而更好地缓解员工的情绪。

● 仔细想想，为什么他们这么难过、生气？
● 我怎么做，才能让他们好过一点？怎么做可以降低他们的不愉快？
● 如果我这么做，会不会火上加油，给他们带来更大的伤害？

从这几个角度去选择合适的能有效缓解情绪的方式，你就能够控制员工情绪，让消极情绪者在良好的团队情绪与气氛中得到改善，而不是让情绪控制你的员工！

管理人员要想正确对待消极情绪员工，首先要认真研究这种心理现象的成因和表现，对消极者给以安慰，并对他们进行鼓励或激励。做好消极者的"出气筒"，给消极者以发泄的机会，帮助员工缓解其内心的痛苦：

● 排除各种形成消极情绪的原因。管理人员要认真、冷静、客观地分析主观和客观上的各种因素，找出导致消极情绪的关键原因，及时予以排除。

● 改善引起消极情绪的环境。对于引起员工消极情绪的环境，可通过改善环境来缓解员工的情绪。

● 给消极情绪者以发泄的机会。比如，召开会议或者找情绪消极的员工座谈，倾听其意见，或者谈谈心，消除误解和矛盾。

● 容忍消极情绪员工的攻击行为。对消极员工的攻击行为，不要采取针锋相对、以牙还牙的态度(除非这种攻击超出一定的限度，触犯法纪)，而要以大度的态度对待攻击，对他们多表示一些理解。

● 对情绪严重者，进行心理治疗。有的员工存在严重的心理障碍，需要及时对其进行医学治疗。

作为管理人员，对下属的支持和关心是基本的责任。若各级管理人员都能重视员工的需要、感受和困难，并加以积极的支持和解决，则员工的归属感将会大大加强，工作积极性也会有所提高。

情绪管理的四个途径

情绪管理即 EQ 管理，要求有意识地管理好个人、团队、公司范围内的自然情绪。

常言道，没有规矩难成方圆。客观环境的影响和主观因素的不同，都可能诱发各种消极情绪。当员工情绪陷入低潮时，当企业面临突发事件时，管理者应该如何做好员工工作？如何把员工的情绪诱导到发奋努力工作上来？

一个聪明的管理者，应该学会科学地运用情绪管理来激发员工潜能，进而提高绩效，创造出一流的业绩。这就要求管理人员在工作中，逐步摸索和学习各种情绪管理的方法和技巧，并把它们运用到实际管理过程之中。

◇ 心灵管理——进行有效沟通

美国一所大学在研究诸多成功管理案例时发现，在一个人的智慧中，专门技术经验只占成功因素的15%，而85%取决于有效的人际沟通。有效的沟通是释放和缓解压力、增强自信心、调整员工情绪的一条重要途径。

当员工工作非常努力，却还是遇到了挫折，心情郁闷，进而出现抵触情绪，甚至有离职的念头时，高情商的主管就要采取办法主动与员工沟通，解决员工的心理问题，帮助员工调整情绪，使其对未来充满信心。

1. 要开辟各种沟通渠道

一个开明管理人员的办公室门是永远不关的,否则容易让别人觉得自己在跟下属讲什么秘密。另外,这样做,可以让下属随时都能进来,自然就能建立良好的沟通渠道。

2. 了解员工内心的真实想法

要试着多与员工进行沟通交流,尽量给予满足(如果要求不过分的话),使其从负面情绪中摆脱出来。

从心理学和沟通的角度出发,应该"先处理心情,再处理事情"。一种"映"对之道,即先像照镜子一样,把对方的话复述一遍,与其进行积极沟通。

> **案例**
>
> 员工说:"我不要做了,这没什么发展前途。"(这表明他正处于情绪不稳定的状态)
>
> 管理人员:"你怎么能这么想呢?"或者"你说得很对"(这两种反应都是不妥当的)
>
> (这时主管可以先把对方的话重复一下,将其中强烈的情绪化字眼换掉)
>
> 正确的说法是:"你的意思是说,你觉得对在这里的表现或者发展不是很满意,是吗?"(然后停顿片刻,表示你明白了他的意思)
>
> 员工:"对呀,我觉得这里很糟糕。"(员工情绪仍然低落)
>
> 管理人员:"我了解,这显然已经成为你的困扰……"(继续与他沟通)
>
> 员工:"我该怎么办呢?这样下去也不是办法!"
>
> 管理人员:"是什么造成你有这样的想法?"

管理人员要一直"映"到对方情绪平静为止,当最后员工用低落的语气问

"我该怎么办呢"时，管理人员可以用询问法说道："是什么造成你有这样的想法？"从根本上为员工解决问题。

如果通过沟通发现员工太过悲观，其实他已经做到了80分，却感觉只做到40分，主管要明确告诉他，其实他已经做得非常好，并举出充足的事例来证明，让他相信自己的能力。

最后也是非常重要的一点，就是要和员工达成某些共识，比如，"再坚持几个月，看看你的进步，如果你仍觉得不行，那时再做打算如何？"这样的沟通就比较有效果了。

> **案例**
>
> 小王因为工作突出，被派去管理一个厨具卖场。
>
> 卖场里，有一位员工叫李平，他和小王是同时进的公司，工作能力也很强，看到小王升职，可自己却在他手下干活，李平很不服气。
>
> 在一次早会上，他公开表示不会服从小王。他是销售骨干，手里握有很多客户资料，开除他吧，会给公司带来不小的损失。不做处理吧，以后的工作肯定也不好开展。为了商场的利益和其他员工的情绪，最终小王没有直接批评他，而是选择在事后找他谈话。
>
> 小王知道李平心里为什么会别扭。恰逢当时公司正打算引进一批新产品，要派几名员工去参加培训，为以后的发展做准备。于是小王在与李平谈话时，透露了这个消息，有意让李平去参加，并说明参加培训的人，有可能最后成为该项目的负责人。李平听了很高兴，双方获得了某种共识。
>
> 李平对于自己今天的行为表示抱歉，说那只是一时生气，没有别的意思，希望小王不要放在心上。就这样，小王为公司留住了一位骨干力量。

◇ 爱抚管理——为员工开展心理辅导

员工情绪管理已为越来越多的企业所重视，高效员工的活力会感染整个企业，提高公司整体绩效。有专家指出，高绩效员工与一般员工最大的不同，在于他们的工作热情，以及对公司的忠诚，周围的同事都可以感受到这两类员工的不同。

然而，目前员工的压力越来越大，这对其情绪造成了很大的影响，具体表现在三个方面：

● **生理上的反应**。如常常出现疲劳、头疼、胸闷等。

● **心理上的反应**。如焦虑、紧张、情绪低落、注意力下降、记忆力下降。

● **行为上的反应**。如吸烟次数增多、动不动就发脾气、对子女教育不如以前关心等。

造成这些反应的主要原因，大致可分成来自组织水平、个人水平和社会三类。其中，个人水平体现为完美倾向、和同事的冲突、和上级的冲突等带来的压力。

这样的压力需要企业进行管理，并从组织的角度进行干预。否则，一旦管理不好，员工便会失去工作热情、工作情绪低下，进而使工作效率、工作满意度、服务质量降低。

进行情绪管理时，除了给员工提供一定的发泄渠道外，企业应该再通过其他方式平衡员工的情绪。比如说，聘请心理咨询师或是实施员工援助方案等。

员工援助方案(Employee Assistant Program，EAP)是一种减少工作压力的管理方法，历经发达国家多年实践，被证明是解决职业心理健康问题的最好方案(见图2-4)。据悉，目前美国有1/3的公司提供EAP顾问。在《财富》杂志刊出的500家大公司中，80%以上的公司提供了EAP服务。

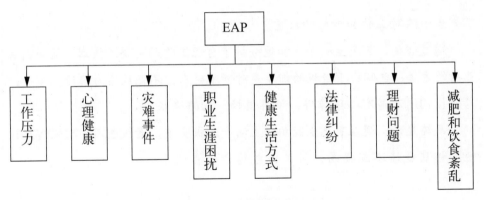

图2-4 员工援助方案

欧洲一些企业已经开始运用这种心理疗法来改善员工的不良情绪。虽然这种做法的成本较高,但从长远看,却能为企业带来更大的效益。

EAP全方位地帮助员工解决个人问题,既能改善员工的工作情绪,提高工作积极性,增强员工的自信心,并能有效处理与同事、客户间的关系,迅速适应新的环境,克服不良嗜好等,企业也会因此而受益。

案例

丁先生从事的是销售助理工作,但是他自己并不喜欢这份工作,觉得不够挑战。然而他的能力也没有超越工作要求,销售业绩总是不能让老板满意,因此他常常受到训斥。

久而久之,丁先生行为出现异常:他开始回避老板,老板在东,他躲到西;老板进门,他出门;不到万不得已,比如一个月一次的汇报工作,他绝不正面面对老板。少了正常的沟通和交流,老板更无法及时掌握他的销售情况。

丁先生的工作越做越糟糕,老板对他也是越来越火大,他对工作更加心灰意冷了。

后来,老板决定请来EAP咨询师对他进行辅导。咨询师针对丁先生的情况,对他先后做了5次咨询,同时与他的老板进行了沟通。

首先在咨询中和他分析销售业绩不佳的原因,站在客观公正的立场帮助丁先生消除对工作和老板的敌意。

通过咨询，丁先生心平气和地分析了自己工作的失误，找到了提高销售业绩的方法；也明白了老板的训斥是对事不对人，不是故意为难他。于是，与老板沟通不再有心理障碍，不再惧怕、回避老板。

反馈显示，现在丁先生能积极主动和老板交流，老板也不再动辄呵斥，他的销售成绩不断提高，对工作也越来越喜欢了。

研究表明：企业为 EAP 投入 1 美元，可节省运营成本 5—16 美元。从某种意义上说，企业花费一定的钱聘请专业机构对员工进行心理培训，对重要岗位和个别特殊的员工进行心理辅导是十分必要的。

如果一个员工因为负性情绪，或精神状态不好而工作效率不高，或者导致误操作，给整个企业带来的损失不是用薪水可以弥补的，它甚至有可能将整个企业带入困境，更严重的可能带来重大的安全事故和灾难。

企业要及早发现受情绪困扰的员工，并对其予以适当的心理辅导或治疗。某大公司曾运用各种心理测验来帮助员工了解自己，一方面使员工提高对自我的认识，另一方面让员工对于心理辅导的意义有了正确的认识——并非心理有问题的员工才需要接受心理辅导。

其实，心理辅导与咨询的主要目的是"助人自助"。在国外，接受心理咨询是一种很正常的现象，被认为是重视生活质量的表现。

温馨提示

当面对压力时，进行心理调整是每个员工都需要正视的问题。良好的心理状态可将劳动力转化成高生产率、低缺勤率、低员工流动率，也可以减少医疗费用和保险费用，减少安全事故，对整个社会都有益。

专家指出，目前国内大多数企业并没有在这方面多做努力。一方面，我国还缺少心理辅导与咨询的专业人才，另一方面企业还不清楚这是一个提高生产力的好方法，没有意识到心理辅导和咨询将会给公司带来巨大的潜在效益。

所以说，我国的员工心理辅导与咨询业还有很长的一段路要走。

◇ 发泄管理——给员工一个宣泄口

日常生活中，情绪压力常常导致疾病产生，甚至突然死亡。心理学家和临床医学研究者收集了大量这方面的例子。在各种压力中，情绪压力的"杀伤力"最大。对于每个员工来说，压力是避免不了的，但情绪和态度是可以改变的。

专家认为，管理员工情绪找心理专家来调整当然最好，实际上很多跨国大公司正是这样做的。但是，我国一般的企业还没有这个财力，而且中国人也不习惯找心理医生解决问题。那么还有别的什么途径呢？

管理员工的情绪是靠一点一滴的潜移默化来实现的，企业通过创造有利的外部环境，同样可以达到缓解员工情绪的目的。比如：

● **建一个沙袋馆**。让员工们在休息时使用，既可锻炼身体，又可宣泄不良情绪。

● **建一个画馆**。让员工随意地根据自己的想象力给他们的领导画像。

● **设置一个大房间**。让员工在里面随意地对不满意的领导破口大骂。

● **建一个运动馆**。里面陈设一些无任何杀伤力的运动物品，供大家用喜欢的方法玩乐；放一些玻璃类的东西，让员工在房间里尽情地摔。

● **让员工当一天老板**。如果可能，不妨给员工做一天老板的机会，而领导的人就是他以往的上司，以此提高其自我满足感。

著名的柯达公司不仅生产出留下人们美好形象的胶卷，而且也建造了平抑员工情绪的"幽默房"。在纽约，该公司为2万名员工建造了4个"幽默房"。这些设施可以帮员工放松精神，缓解压力。其中包括：

● **图书馆**。内有各种笑话书、卡通书、幽默内容的光盘、录像带和录音带。

● **会议厅**。能容纳200人，厅内张贴了幽默大师卓别林和笑星克罗麦克斯的许多剧照。

● **玩具房**。里面有各种各样供宣泄压力的器具，比如，仿照某某人的形象设计的吊袋，员工在里面摔东西不必赔偿。

● **高科技房**。配有各种计算机软件和供私人使用的计算机。

在通用电气公司的经理和各层次员工中，有很多人采用"静默沉思"的方式保持心理宁静，消除因神经紧张而造成的不安。企业向员工推荐瑜伽、冥想、端坐不动等"静默沉思"法，还聘请了静默辅导员来指导员工的训练。结果，公司的疾病治疗费用减少了27%，员工的工作效率大为提高。

许多发达国家的企业越来越重视"员工情绪管理"的问题，为了加强员工情绪管理，他们甚至已经开始在办公室设置"办公室玩具"（office toys），借以缓解员工的压力与情绪。

"办公室玩具"主要可以分为以下几类：

● "挤压出气类"，如沙包（可拳打脚踢出气）、绒毛娃娃（可让人搓揉捏扁）等东西。

● "观赏或粘贴电脑的玩偶类"。

● "办公室运动类"，如飞镖、简易篮球框。

● "标签贴纸类"、"静思与创意类"，如魔术方块、拼图等。

● "声光视觉类"，如电动玩具等。

美国 *Toy Tips* 杂志曾经做过一项调查，发现大多数的员工认为"办公室玩具"对情绪改善有效果，有86%的员工认为，这些办公室玩具有缓解心理压力的效果，这项资讯可供企业在规划员工情绪管理时参考之用，以妥善处理员工情绪问题。

美日一些企业甚至将主管的照片贴在大型的充气娃娃上，让员工可以在休息时间"痛扁"这个"假主管"一顿，这又被叫做"模拟报复法"。

案例

在日本，要求员工绝对服从上司和老板的意志，不得违背。虽然员工的薪酬优厚，但工作强度大，神经异常紧张，精神压抑的状况普遍存在，员工对上司或老板的独裁专制敢怒不敢言，经常采取消极怠工的方式发泄不满，明显地影响了效率和效益的提高。

于是，老板们想出了模拟报复法，借以让员工消气。

其方法是：将工厂、企业或公司员工不满、痛恨的人，或者曾伤害他们的人，包括上司和老板，塑成惟妙惟肖的模特，放在某间屋子里。

然后，让"受害者"去那里，对着模特尽情发泄积淀已久的情感：他们可以对之又打又骂，尽情数落，尽情诅咒，也可以将其砸烂。

该方法简单易行，实施后，老板们发现，员工情绪好多了，工作积极性也有了明显的提高，效果颇为理想。但是它一般只用来发泄和释放比较强烈的情感如愤怒、憎恨、不满等，满足一种报复心理，不能解决所有的情感问题。

如果管理人员能让员工在企业设置的这些活动中放松神经、愉悦精神、减轻压力，那么，管理者便成为控制员工情绪的高手、科学管理员工的能手。

除此之外，管理人员还应该教员工控制自己的情绪，组织行为学上称其为"自我监控能力"。对管理者来说，学会自我控制是实施情绪管理的前提。将冲突水平维持在何种程度，依赖于管理者的直觉和领导艺术，这需要在实践中体验和提高。

案例

一天，美国前陆军部长斯坦顿来到林肯那里，气呼呼地说，一位少将用侮辱的话指责他偏袒某些人。看到他这么生气，林肯建议他写一封内容尖刻的信回敬少将。"可以狠狠地骂他一顿。"林肯说。斯坦顿立刻写了一封措辞强烈的信,然后拿给林肯看。

"对了,对了。"林肯高声叫好,"要的就是这个!好好训他一顿,写得太绝了,斯坦顿。"

当斯坦顿把信叠好装进信封里时,林肯却叫住他,问道:"你要干什么?"

"寄出去呀。"斯坦顿有些摸不着头脑了。

"不要胡闹。"林肯大声说:"这封信不能发,快把它扔到炉子里去。凡是在生气时写的信,我都是这么处理的。写这封信的时候你已经解了气,现在感觉好多了吧,那么就请你把它烧掉,再写第二封信吧。"

⇨ 快乐管理——提倡弹性工作方式

案例

据报载:在地处苏州的某大公司营销总部,有这样一群快乐的工作人——他们的写字楼如星巴克咖啡厅一样充满生活情调;他们在自己的办公区里可以玩沙滩排球;而他们的主管除了跟他们讨论工作外,还会和他们讨论如何品咖啡、如何泡茶。

这种轻松写意的管理方式,就是该公司营销总监所推崇的"快乐管理"。

为了培养员工对城市、民风民俗的热爱,公司每周六还会开通从苏州到上海的班车,总监鼓励员工们多出去走走看看,鼓励他们追逐时尚,体验各种不同的生活。

很多人曾怀疑这种管理方式是否有作秀的成分,但该公司的业绩增长数字却给这些质疑者作出了一个最有力的回答——在全球IT行业不景气的大环境下,该公司营销总部最近三年每年都实现了超过50%的增长。

管理人员要有意识地管理情绪,在工作中,EQ是可以通过管理提升的。从个人来讲,就是有意识地去纠正一些不好的情绪;从企业来讲,就是提供一个良好的工作环境，实施快乐管理，使员工情绪得到调整。

温馨提示

管理人员既要审时度势，在整体上准确把握方向，又要及时了解员工的民心所向，适时调整工作方式，运用员工的兴趣点，进行快乐管理，尽量降低心理成本，使组织始终保持健康、积极的心态，形成"上下同欲者胜"的良好心理契约和同心同德的工作氛围，共同完成组织的使命，实现组织的既定目标。

一些大企业，特别是那些鼓励创意和个性的工作岗位，常适应员工的工作状态，实行弹性工作时间，甚至鼓励员工在家办公。有的公司则注重营造轻松的工作氛围，比如：

● 允许员工在自己的工作间或办公桌摆设个性化的饰物，或者种花养鱼；

● 允许员工放一些轻松的音乐，调节员工紧张的工作节奏；

● 开通因特网，有利于开拓员工的视野，减少对工作的厌烦情绪；

● 咖啡随时可饮，有的企业还在办公室内设有自动售货机，卖些饮料和零食；

● 人事部定期开展娱乐活动，营造良好的团队氛围，增强员工之间、干群之间的和谐气氛；

● 培训部提供如何缓解工作压力的课程，有效减少了员工的压力感和焦虑情绪；

● 召开各种形式的座谈会，注重与员工之间的沟通，建立良好的信息交流渠道。

这些措施，是人性化管理的体现，也是员工情绪管理的一种重要方式，是真正从员工利益出发的管理方法，能起到有效消除员工紧张、焦虑等情绪的作用。

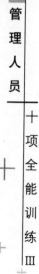

这种"快乐管理"的模式也面临着一些挑战：人都有惰性，如果这种"快乐管理"模式的尺度不能很好把握，就会造成企业内部过度松散的氛围。

同时，它也是对各层管理者的一个挑战，因为"宽松、自由"的管理方式也意味着主管的权威将相对削弱，那么主管们如何有效地管理下属，如何保证一些条例的贯彻执行，就会让他们更伤脑筋。

因此，"快乐管理"背后必须有一个功能完善、到位的"绩效考核"体系支撑，否则这种"快乐管理"就会失去控制。通常来说，只有在那些比较成熟的、拥有完善组织和控制能力的企业，才比较适合推行这种"快乐管理"的模式。

激发正面情绪的四大方法

在工作和生活中，人们总是有意无意地受到情绪的控制。它既能使人精神焕发、充满激情、思维敏捷、干劲倍增，又能使人萎靡不振、情绪低落、思路阻塞、消极怠惰。心理学家把人的情绪分为正面情绪与负面情绪两大类，对于正面情绪，要尽力发展，对于负面情绪，则要严格控制。

案例

有两个秀才去赶考，路上他们遇到了一支出殡的队伍。

其中一个秀才心里立即"咯噔"一下，心想，完了，不是好兆头，这回肯定考不中了。抱着这样的情绪赴考，最后真的一落千丈。

另一个秀才也同样看到了，刚开始他心情不怎样，但转念一想，"棺材"——有"官"有"才"，好兆头，情绪高涨，结果一举高中。

上例说明，情绪不好，导致名落孙山；情绪高涨，最终金榜题名。在企业中，员工的情绪不同，对待工作的态度也不同，积极性、才能的发挥也就不同。因此，有效管理员工的情绪是各级管理人员一项非常重要的工作。

那么怎样把情绪的影响降到最小呢？管理人员可以从两条途径进行——激发员工的正面情绪，摆脱负面情绪，使情绪发挥最佳的作用。

企业中最复杂的因素是人，员工喜怒哀乐的情绪，往往会影响其工作的状态和效率，那么要如何时刻保持积极、正面的情绪状态呢？

大多数公司都没有认真激发员工的正面工作情绪，事实证明：只有成功地激发员工的"工作热情"，才能激发员工不断突破与成长。

我们可以在会议上分享员工的成功、庆贺员工的生日、分享笑话和人生体验，也可以在工作的过程中通过一个鼓励的手势、一个赞许的微笑，甚至一句简单的问候传达对员工的关爱，激发员工正面的情绪。

下面简要介绍几种激发正面情绪的方式：

◇ 适时激励

激励和沟通作为情绪管理的"主旋律"，应体现在管理的各个环节。以激励为主，给予适时的关注和全方位、个性化的沟通，有效强化员工的正面情绪。

当员工显示出超常的工作表现时，他应该得到多种形式的表扬与鼓励。比如，主管可以直接对这位员工说："你做得真不错！祝贺你！"或者在会议上当着所有的员工表扬他。

这样做的效果是：

● 首先，使受表扬的员工本身感觉受到了尊重，其情绪会随之高涨，能有效地激励他更好地工作。

● 另外，其他的员工也会为之振奋。当他们看到主管愿意花时间来关注每个人、祝贺表扬卓越者时，他们也会确信如果自己做得好，同样会得到关注与荣誉。

此外，在下属情绪低落时，激励奖赏也是非常重要的。身为管理者，经常在公众场所表扬业绩佳者或赠送一些礼物给表现特佳者，能借以鼓励优秀者，并激励后进者向他们学习。一点小投资，可换来数倍的业绩，何乐而不为呢？

有一个故事，讲的就是这个道理。

> **案例**
>
> 从前有个王爷，他的府里有个大厨，该厨师的拿手好菜是烤鸭，深受王爷喜爱。不过王爷却从来没有给予过厨师任何鼓励，也没有当众表扬过厨师，这让厨师整天闷闷不乐。
>
> 一天，王爷在家设宴招待贵宾，点了厨师的拿手好菜：烤鸭。在餐桌上，王爷挟了一条鸭腿给客人，但他却怎么也找不到另一条腿，便问身后的厨师："另一条腿到哪里去了？"
>
> 厨师说："启禀王爷，咱们府里养的鸭子都只有一条腿！"
>
> 王爷感到诧异，但碍于客人在场，不便多问。饭后，他跟着厨师到养鸭房去看个究竟。时值夜晚，鸭子正在睡觉，每只鸭子都只露出一条腿（鸭子卧地睡觉时，一般只露出一条腿）。
>
> 厨师指着鸭子说："王爷你看，我们府里的鸭子不都是一条腿吗？"
>
> 王爷听后，便大声拍掌，吵醒鸭子，鸭子当场被惊醒，都站了起来。
>
> 王爷说："鸭子不全是两条腿吗？"
>
> 厨师说："对！对！不过，只有鼓掌拍手，才会有两条腿呀！"

此故事告诉我们一个道理：任何人都希望能得到他人的肯定，作为管理者，不要吝惜对员工的鼓励，即使只是一句话、一个眼神，也能让员工受到很大的鼓舞，从而激发他们的正面情绪。

温馨提示

记住：要让下属知道你对他有什么希望，他们最害怕的就是被丢到一边没人理，他努力工作，却不知道你的希望是什么，也不知道你对他的工作是否满意。这种情况如果长久地维持下去，带给员工的将只会是压抑。

所以，管理人员一定要密切注意员工的情绪变化，适时给予他们肯定和激励，激发其一直保持积极的、正面的情绪。

➡ 善于包容

对于管理，领导的综合素质是至关重要的。拿破仑曾说过一句话：世界上没有无用的士兵，只有无用的将军。作为一名管理人员，应该要有容人之心，要大度。

一个具有人格魅力的管理者，不但要有很强的理解力，而且要胸襟广阔，对自己的言行举止有着较强的控制力。要切记宽容能使人产生干劲的道理，不要总是挑剔员工的毛病，毕竟天下没有十全十美的人。

案例

一次，楚庄王大宴群臣，令其爱妾许姬敬酒。忽遇风吹烛灭，黑暗中，有人拉起了许姬飘舞起来的衣袖，许姬顺手摘下那人的帽缨，并要楚庄王掌灯追查。

楚庄王说："酒后狂态，人之常情，不足为怪。"并请群臣都摘下帽缨后再掌灯。

不久，吴国侵犯楚国，有个将军屡建战功，受到楚庄王的接见。

庄王问其姓名，只听将军答曰："臣唐狡，乃先殿上绝缨者也。"

管理者要能容忍下属的一些小错误，这既是顺利开展工作的保证，也有助于解除下属的后顾之忧，激发他们的正面情绪，最大限度地发挥他们的聪明才智。

此外，真正的管理者应善于倾听，采用"与人为善"的管理方式，这样不仅有助于营造和谐的工作气氛，而且可以提高员工的满意度，使其能继续坚持不懈地为实现企业的目标而努力。如果做不到这些，员工就会产生不良的情绪，从而也将影响到工作的效率。

管理人员只有把自己的情绪控制好了，才能更好地去诱导和调控员工的情绪。否则，一旦失当，将会影响到员工。

一天，尹总突然接到员工小冯的电话："我买了机票，要出去旅游，现在向你辞职。"尹总有些惊讶，但仍然以平和的口气说："我给你两个星期的假，玩完之后再回来上班。"小冯说："不用啦，即使回来，我也不想回你那上班了。"

尹总非常气愤，但他没有忘记反思，问题出在哪里呢？后来他想起来，前几天小冯曾交了一份企划案，尹总不太满意，而且还责怪他："你怎么会作出这样的东西，还好意思交给我？你到底是不是大学毕业生？"当时，小冯的脸上就挂不住了，情绪受到了很大的影响。

事后，他也觉得自己当时太冲动，甚至没有给小冯说明理由的机会，就开始责备他。他也曾想过要向小冯表示歉意。不过，现在一切都太晚了。

该例中的小冯之所以要辞职，就是因为当时尹总没能好好地控制自己的情绪，缺少了领导应该具有的包容心，如果当时他愿意仔细聆听小冯的说法，也许事情就不会发生了。

➭ 加强情感交流

在员工关系中,要做好情感交流,首先要做到"三贴近":贴近基层员工、贴近内心生活、贴近公司未来。

1. 贴近基层员工

基层员工是企业中最大的群体,他们承担了企业中最多的工作量,如果对他们失去关注,将会直接影响到企业的长远发展。

精明的管理者要恰当地处理好与骨干员工及基层员工的关系,对于基层人员,要找出机会和时间鼓励他们、关心他们、感谢他们,与他们拉近关系。

● 在紧张的工作之余走出办公室,到基层去,对我们的员工微笑问候,嘘寒问暖,拍拍肩膀,关心一下他们的工作和生活。

● 无论多忙,在每周或每月抽出时间和一线的员工沟通,或召集一些员工中午和你一起吃盒饭或者喝个下午茶。

● 采取一对一、面对面正式的方式去和他们沟通。

只要用心地与基层员工建立起良好的关系,就能很好地调动他们的积极性,使之情绪高涨,工作的质量自然会提高,甚至还会有意想不到的收获。

> **案 例**
>
> 一天早上上班时,王科长注意到采购员李小姐脸色不好,就问她:"有心事吗?"她笑笑,说:"没有"。又问:"是身体不舒服?"她说:"没有"。王科长当然不便再追问了,于是邀请她中午一起吃饭。
>
> 中午吃饭时一聊,才知道原来她昨天和男朋友吵架了。吵架虽然是私事,但李小姐是公司的采购员,很多重要的物品采购都经由她进行,万一她情绪不好,把采购的物品搞错,那可就要影响到公司的工作效率和质量了。
>
> 于是,王科长便利用他的三寸不烂之舌,开导起李小姐来。最终,说得

> 李小姐笑逐颜开，终于露出了今天的第一个笑容。
>
> 再看她下午出门办事时的样子，与上午截然不同，又恢复到以前活力四射的状态了，看起来情绪非常不错。

2．贴近内心生活

贴近员工的内心生活是指管理者要真正地了解员工心中所想，为他们排忧解难，从内心深处激发员工的工作积极性。可以从下述两个方面入手：

● **创造一种沟通无限的工作氛围**。在公司里营造一种自由开放、人人平等的氛围，除正式的交流途径外，还应鼓励各种自发的、非正式的交流。减少员工之间、部门之间的误解和隔阂，形成一种积极和谐的人际关系，增强企业的凝聚力和创新能力。

● **要尊重和认同员工**。这是员工情感管理中最重要的部分。每个人都希望得到他人的尊重，表现在工作中就是管理人员的信任。现代企业中员工的素质普遍都比较高，因此要求获得尊重和认同成为他们工作是否快乐的基本要素。

那么，如何尊重和认同员工呢？要注意下面三个问题：

● **不要靠发号施令和权威来管理员工**。心理学说，人只有发自内心地愿意那样去做，才能发挥出最大的才能，否则都是应付而已。

● **要真诚地关心员工**。什么才叫真诚地关心别人呢？关心别人，就是"你的痛苦在我的心中"。

● **要衷心地让员工感受到重视**。威廉·詹姆士说过，"人类本质中最殷切的需求就是渴望被肯定"。我们大家都希望别人知道自己的价值。在工作中，作为管理者，要经常给予员工最真诚的认同和肯定，要让他们时时感受到来自不同层面的重视。

3．贴近公司未来

只要情况许可，在做决策时，不妨听听下属的意见。哪怕他的意见不成熟，也先赞美一下，让他提出一些想法，这对他来讲是一种激励，也是一种压力的减轻。你这样做过吗，曾经让下属参与过你的决策吗？

要做到这一点，就要让员工树立"主人翁"的心态，更好地为未来拼搏，这要求管理人员给员工提供三种机会，见表2-8。

表2-8 员工的三种机会

对公司知情的机会	公司不仅要向员工传达好消息，也要及时地向员工说明当前存在的问题、困难和挫折。这样才能取得员工的理解和信任，使员工愿意和公司同舟共济。
学习和培训的机会	既要让员工看见公司的未来、自己的未来，也要看到自己的不足，只有看到不足了，才能想办法改进。为此，公司要创造条件让员工参加学习和培训，以此来装备员工以便和未来接轨。
脱颖而出的机会	建立绩效考核机制，使员工能看到希望，为渴望成长、希望承担更大责任的青年才俊提供更好的事业平台，让他们在大风大浪中历练自己，这是情感管理中的上乘境界。

◇ 激情、幽默的个性

激情、幽默的个性，是人们为改善情绪及面对生活困境时所产生的一种需要，它的形成主要在于人们的情绪。当你对他人的幽默以快乐和肯定来回应时，当你帮助他人感受快乐时，正面的情绪就已经产生了。

"笑一笑，十年少；愁一愁，白了头。"幽默是生活中不可缺少的调味品、润滑剂，有了它，便能冰释误会，稀释责任，缓和气氛，减轻焦躁，缓冲紧张；有了它，便能使孤独者合群，戒备者松懈，对立者成为朋友。

心理学家瑟琳说过：如果你能使一个人对你有好感，那么也就可能使你周围的每个人甚至是全世界的人，都对你有好感。只要你不是到处与人握手，而是以你的友善、机智、幽默去传播你的信息，那么时空距离就会消失。

利用幽默批评下属，与下属沟通，能有效地调节双方之间的气氛。在一些令人尴尬的场合，恰当的幽默也可以使气氛变得轻松、活跃起来。

> **案例**
>
> 美国总统里根上台后，打算选择国会议员戴维·A.斯托克曼担任联邦政府的管理与预算局局长。
>
> 但是，斯托克曼曾多次在公开辩论中抨击里根的经济政策，里根怎样才能打破僵局呢？他给斯托克曼打了个电话："戴维，自从你在那几次辩论中抨击我以后，我一直在设法找你算账，现在这个办法找到了，我要派你去管理与预算局工作。"
>
> 一个幽默的电话，不但打破了僵局，而且起到了化干戈为玉帛的功效。

幽默不是天生的，是可以培养的。再呆板的人，只要自己努力都可以逐渐变得幽默起来。里根以前也不是幽默的人，在竞选总统时，别人给他提出了意见，于是他采用了最笨的办法使自己幽默起来：每天背一篇幽默故事。

管理者进行管理的目的，是为了使员工能够准确、高效地完成工作。轻松的工作气氛，有助于达到这种效果，而幽默能使员工感到亲切，体会到工作的愉悦，从而使工作气氛也变得轻松。所以，任何时候都不要失去你的幽默感。

即使是一位十分勤恳、聪明的主管，如果缺少激情，没有幽默感，无法拍拍张三肩膀叫好，对李四伸出大拇指称赞，在王五、陈六面前由衷地表扬赵七，这位主管就不能创造出活跃的现场激励气氛，这个团队就会沉寂一片。

> **案例**
>
> 在沃尔玛内部，有一种独特的文化氛围，我们称之为"幽默"文化。沃尔玛人一方面辛勤工作，同时在工作之余不忘自娱自乐。

沃尔玛董事长山姆是一位在工作上要求非常严厉,但在工作之余却非常喜好寻求乐趣的人。著名的"沃尔玛式的欢呼"就是山姆的一大杰作。

在每周六早上7:30会议开始前,山姆总会亲自带领参会的高级主管、经理们一起欢呼口号,做"啦啦操",反正怎么高兴就怎么做,只要能活跃气氛,就可以随心所欲地尝试,以幽默鼓舞员工的士气。

轻松愉快的工作环境,有效缓解了员工们的工作压力,增强了员工的工作兴趣和创造力,提高了员工的工作效率。

有时,早会上还会邀请NBA的体育明星或俄克拉荷马的乡村歌手助兴。一年一度的股东大会,公司也会邀请艺人助兴。

山姆认为,如果没有那些娱乐和出人意料的事,他们不可能让本顿威尔总部的大部分经理和员工每个星期六早晨,笑容满面地去参加会议。

长期以来,这种独特的会议风格,缓解了员工的压力,达到了有效激发员工正面情绪的目的。

按山姆的理论,他认为员工的工作都非常辛苦,如果整天绷着脸,一副表情严肃、心事重重的样子,那就更加劳累了,也无心工作。所以,他认为管理人员必须尽量用轻松愉快的方式,调动员工的正面情绪,减少其身心负担,提高工作的效率。

这就是山姆所谓的"工作时吹口哨"的哲学,令人身心愉悦,效率反而更高。

摆脱负面情绪的四个措施

案例

最近在网络上有一则故事,值得大家分享与学习:

有一位女主人在家门口挂了一块小木牌,上面写着:"进门前,请脱去烦恼;回家时,带快乐回来。"

> 挂上这块小木牌的原因是，有一天她回到家，在电梯的镜子里看到了一张困倦、灰暗的脸，一双紧拧的眉毛，自己都吓了一大跳。
>
> 她想，如果先生跟孩子看到这张愁苦阴沉的脸时，会有什么感受？假如她面对的也是同样的脸，又会有什么感觉？她越想越觉得这样的生活实在太可怕了，因此就写了这块小木牌，钉在门上以提醒自己。
>
> 结果，提醒的不只是她一个人，连同家人看到这块小木牌后，都会欢欢喜喜地入门。

每个人都有情绪，正面情绪绕梁三日，负面情绪余波荡漾。管理人员要把握员工生气、愤怒或挫折时的情绪，不要让坏心情传染给其他人，伤及无辜。我们要密切关注情绪不佳或情绪反常的员工，给予适时的鼓励，降低团队负面情绪的影响。

要一个人时刻保持愉悦的情绪是不可能的，烦恼、忧愁、苦闷不可避免，面对这些不良的情绪体验，我们应该怎么办？任情绪自由发展？显然不应该。如果那样，人就成了情绪的奴隶，人应该成为情绪的主人，学会调节情绪。

那么管理人员应该怎样帮助员工减压，科学管理好员工的情绪呢？

◇ "挖出"负面情绪

负面情绪并不仅仅具有破坏性，很多时候，它也是一个迈向更高境界的踏板。只要我们正视它，就能从中发现隐藏在组织制度或管理方式中的痼疾，使我们能够不断改进，并防患于未然。将负面情绪从心里"挖"出来，然后正面的、积极的情绪才能溢满心田。

> **案 例**
>
> 某人想学禅，他去找了大师好多次，希望能跟他学禅，但大师一直不

表态。

　　一天，这个人又来了。大师为他倒茶，水逐渐加满，并开始溢出茶碗，流了出来，可大师还在往里倒。

　　这个人就说："大师，水已经满了，您怎么还往里倒？"大师说："是啊，一个装满旧水的杯子，怎么能再倒进新水呢！"

　　这个人听了后立刻开悟了。

　　压抑和隐藏只能将负面情绪埋得更深，却不能让他们消失。而且随着负面情绪的积累，正面的、积极的、有益于我们个人和组织成长的情绪在心田里所拥有的空间会越来越小。所以，我们开发积极情绪的第一步就是，先让不满情绪释放出来。

　　负面情绪是我们人类情感合理的、不可分离的组成部分，我们唯一能做的不是回避它，而是利用它，让它最终发挥积极的作用。为此，组织需要提供机会，让员工将不满情绪袒露出来，也需要提供一种氛围使其敢于袒露。

案例

　　刘经理刚到S公司时，一天，他对秘书王小姐说："以后，每周要打一份统计报告。"

　　报告交上来时，刘经理发现，报告中有多处错误。他本想找来秘书大发一通火，但他又想，应该是有什么原因吧，王秘书平时的工作还是很认真的。最终，他控制住了自己的情绪。

　　待心情平静下来后，他向王秘书询问了原因。

　　王秘书说：前任经理从来不要求打这些报告，对于这额外的工作，她感到恼火，于是把怨恨都发泄在打字上了。

　　经过坦率的沟通后，经理对其工作负荷进行了一些调整。以后，他们的合作更加顺利了。

对于员工潜在的不满，要善于觉察其先兆：和平时相比有什么异常？然后尽量让其将心里话说出来。但也有的人等不及已经先发怒了。这时，有如下几个步骤(见图2-5)可作为参考：

总之，不满情绪存在于上下级之间，也存在于同事之间。作为组织中的管理者，要将不满情绪作为组织不可回避的现实来看待，一方面要处理和运用好自己的情绪，另一方面要鼓励员工将他们的怒气说出来，同时也要教他们以积极的方式处理不满和怒气。

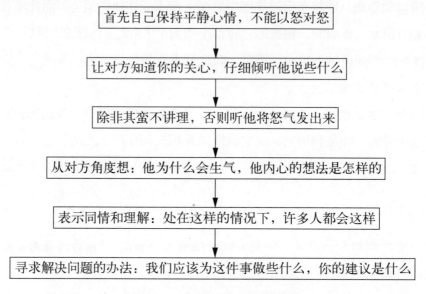

图2-5 发现负面情绪的步骤

◇ 转移注意力

案例

某公司因今年业绩不好，员工们都忧心忡忡，担心公司会减薪或裁员。为消除员工的负面情绪，公司老板果断宣布："虽然今年业绩不佳，但公司绝不会减薪裁员，只是年底的奖金会有所减少，请大家安心工作。"

结果，原来闹情绪的员工都消除了顾虑，大家都庆幸遇上这样体恤下属的老板,工作更加尽心尽力。

当员工出现负面情绪时,可以通过改变他们注意的焦点,借以转移其注意力,也就是说:使员工从引起不良情绪的事情转移到其他事情上,激发其积极、愉快的情绪反应。

除了日常工作中的情绪会有变化外,不少员工还有明显的情绪周期,特别是情绪低沉期,短则一两天,长则四五天。

遇到这种情况,主管的做法通常是:转移他们的注意力,或让其休息一段时间,或安排一些简单的工作(比如做一些数据整理、资料归档等方面的工作),尽量帮助员工度过情绪低沉期。

如果员工压力过大,就调节工作节奏,合理分配其工作和生活时间;如果是压力过小、缺乏成就感的员工,则应做好其职业规划,帮其树立短、中、长期职业目标,使所有的员工在工作中能公平竞争。

管理人员可以参考以下的方法,借以转移员工的注意力:

● **安排一些有兴趣的活动**。比如,通过玩游戏、打球、下棋、听音乐、读报纸等正当而有意义的活动,使员工从消极情绪中解脱出来。

● **转移话题**。让他们回忆一些高兴、幸福的事,使消极情绪转移到积极情绪上去。

● **改变环境来达到目的**。当员工因种种原因而情绪不好时,鼓励他们到室外走一走,到风景优美的环境中玩一玩,能使人精神振奋,忘记烦恼。一味地沉浸在消极情绪中,不但于事无补,而且可能加重不良情绪的危害,甚至伤及无辜。

● **及时疏导、转化和控制员工的情绪**。设立"情绪发泄控制室",避免员工情绪波动导致员工职责履行的质量发生波动。

● **在组织中召开定期或不定期的沟通恳谈会**。其中,领导仅仅作为听众和平等参与者而不是发布指令者参加,这样对化解不满情绪更有效。

⇨ 强大的承受能力

当员工连续多次达不到目标,以及经常被公司的政策变化或其他原因所困扰时,负面情绪会油然而生。此时,主管的精神面貌决定了整个团队的士气,如果主管和员工一起怨天尤人,整个团队的负面情绪常常会导致积重难返。

所以,要求主管有比下属更强的心理承受能力,避免冲动与简单的判断。主管的心理承受力越强,他就越能正面地看问题,主动地带领员工走出困境。

> **案 例**
>
> 一天,C公司员工刘力冲动地对张经理说:"客户太挑剔了,我经常被他们大骂,而且他们还说对咱们公司所有人的人格都表示怀疑,气死我了。实在没法再干下去了!"
>
> 听了刘力的话,张经理也有点气愤,但他很快就平静下来了。
>
> 首先他对刘力的遭遇表示同情和理解,他说:"我能了解你的心情,现在的客户确实都很刁。"接着他又问:"那你有没有想过,到目前为止,你有多少个客户?这样对你的客户又有几个?"
>
> 刘力回答:"我手中有两百多客户,这样的客户大概有四五个吧。"
>
> 张经理一算,这样的客户占总客户的比例还不到3%,于是他说:"咱们何必为不到3%的人去放弃97%的希望呢?而且……"
>
> 刘力听了,觉得很有道理,于是激动的心情很快冷静下来。之后,再遇到类似的问题,他都能很好地处理,张经理再也没听到过他因为这样的事情而抱怨了。

如果当时张经理也和刘力一样义愤填膺的话,那么别说劝解刘力,可能自己还得骂上几句解气。然而,他没有那么做,而是很快地平静下来,并用理性的数字化解了刘力的不满,使其从心里战胜了恐惧和不安的情绪。

➔ 经常性的团队活动

一个良好的团队总是让人兴奋,富于挑战性,充满支援和成功。一个糟糕的团队则是可怕的地方,如同监狱,使员工的情绪得不到好的发展。

员工的许多不良情绪总是被管理者所忽视,正是这种忽视,间接使个人主义滋生,团队意识被削弱,从而团队的销售合力被削弱!

团队建设是员工管理中最为重要的环节之一,也是实施情绪管理的有效方法。围绕团队既定的目标开展团队活动,不仅可以让团队成员感受并分享奋斗和成功的喜悦,也可以对消极和负面情绪进行引导和调控,参见表2-9。

表2-9 团队活动的形式与优点

活动形式	优点
经常性的团队建设、野外活动; 组织员工旅游; 丰富的业余生活如娱乐。	引导、调控消极和负面情绪; 满足个人的爱好; 避免个人主义的滋生。

情绪具有传染性。我们都见过这种情况:如果有人来开会时情绪低落或者怒气冲冲,而且这种情绪没有及时得到释放,那么整个团队都会被传染上这种情绪。毫无疑问,如果一个非常有幽默感的人来开会,很快会使整个屋子的人开怀大笑。

所以,管理人员要想维持团队的活跃气氛,别忘了多听取员工的建议,组织相关的团体活动或竞赛,借以加强成员间的沟通协调和情绪调控。

温馨提示

要让员工感觉到集体的温暖,从内心深处热爱这个集体,确实把自己看成集体中的一员,而不是一个独立的个体,自觉自愿地去为团队的奋斗目标效力，帮助团队其他成员健康成长，这种充满温情、自觉上进的氛围，将使不良情绪无法在这样的团队中生存。

团队精神得到了最大发挥，员工的潜能就能得到充分的挖掘，员工的不良情绪也将会得到最大的抑制。

第三章

危机管理——处变不惊的艺术

美国学者菲特普曾对《财富》500强企业的高层人士进行一次调查，高达80%的被访者认为，现代企业不可避免地要面临危机，就如人不可避免地要面临死亡，14%的人则承认自己曾面临严重危机的考验。

最近一项调查表明，我国有超过半数的被访企业处于中高度危机状态之中，其中40.4%的被访企业处于中度危机状态，14.4%的被访企业处于高度危机状态。

危机一般是指企业与消费者、新闻媒体、政府等公众之间，因为某种非常因素引发的对于企业的声誉、形象和发展造成不良影响的非常状态。

任何一家企业，无论成功与否，在发展的道路上都可能遇到危机，没有经历过危机的企业不是成熟的企业。正如古希腊一位哲学家曾经说过："人类的一半活动是在危机当中度过的。"

我们可以这样认为，企业的发展、壮大以及灭亡，50%的机遇是在危机发生时或处理危机的情况下产生的。只要企业建立健全了有效的危机管理机制，就能够成为一家真正具有综合竞争能力的企业。

三鹿阜阳考验

2004年4月22日，安徽阜阳《颍州晚报》刊发文章，指控三鹿奶粉为不合格产品。当时阜阳伪劣奶粉事件正是全国上下关注的焦点。

就在《颍州晚报》错误地把三鹿奶粉列入"不合格产品"的当天，三鹿集团副总经理便率工作组抵达安徽阜阳，与当地政府相关部门进行交涉，双方就"政府出面向三鹿道歉"一事达成了共识。

次日上午，阜阳市政府与三鹿集团同时召开新闻发布会，前者发布声明、诚恳致歉；后者则通报事实、澄清真相——快速的反应让三鹿变被动为主动，不仅从根源上"扼杀"了危机，还令后续的"正名"行动取得了事半功倍的效果。

企业是一个有生命的机体，与人体一样，也会受到攻击或感染各种疾病。如不加以治疗，同样可能致命。特别是随着市场竞争的日益加强，危机更是时刻威胁着企业的生存。

因此，掌握一定的危机管理知识，是管理人员必备的重要技能之一。每位管理人员都应该定期为企业进行体检，判断公司是否缺乏活力？是否在新的一天开始时，会出现运行不畅？只有对企业进行内部检查，找到企业中各种隐患的根本症结，才能更好地防范危机、驾驭危机。

企业危机的六大类型

如同在战场上没有常胜将军一样，在现代商战中也没有永远一帆风顺的企业，任何一个企业都有遭遇挫折和危机的可能性。

当前企业最经常面临的前三种危机，依次是人力资源危机、行业危机、产品和服务危机，分别有高达 53.8%、50.0% 和 38.7% 的被调查企业，曾经经历过或正在面临着这三种危机的困扰(见图 3-1)。

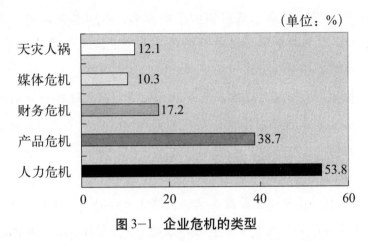

图 3-1 企业危机的类型

危机在爆发之前如同人体恶性肿瘤，都有一定的隐蔽性。但是，这并不意味着危机就完全不可防范。任何事物都不是空穴来风，大多数危机在爆发前都有或多或少的征兆，只是这些蛛丝马迹的预警信号往往没有得到人们的注意和足够的重视而已。

企业危机的前兆主要表现在以下几个方面：

● 内部管理方面：如员工情绪低落，不遵守规章制度等。

● 管理行为方面：不信任部下，猜疑心很强，固执己见，使员工无法发挥能力；对部下的建议听不进去，一意孤行。

● 经营环境方面：市场发生巨变，如市场出现强有力的竞争对手、市场价格下降等。

● 经营策略方面：计划不周，在市场变化或政策调整等发生变化时，无应变能力等。

● 经营财务方面：如亏损增加，过度负债，技术设备更新缓慢等。

当企业出现上述情况时，管理人员就应该考虑到底哪里出了问题，这是不是危机发生的前兆，我们该怎么做才能预防危机的出现。

◇ 人力资源危机

2004年3月,方正大厦前依旧车水马龙、人头攒动。但从大厦里走出来的方正员工中却少了一些熟悉的面孔——方正又一次经历了人事"震动"。

3月18日,国内各大媒体在重要版面位置刊登了这样一条消息:中国知名的IT企业方正科技副总裁、助理总裁周险峰带领属下方正集团PC骨干"集体出走"。

"出走"的员工主要集中在方正科技的PC部门,且多为PC部门骨干,其中有方正科技产品中心总经理吴京伟,销售平台副总经理吴松林,产品总监、人力资源部门主管及各个区域的部分渠道骨干管理人员和技术人员等,此举被方正内部人士视为"集体出走"事件。

对于此次人事变动,方正科技的员工不无痛心地说:"对方正来说,一个能征善战的PC团队出走了。"影响仅仅如此吗?答案是否定的。

对于企业来说,主要骨干突然辞职带给企业的损失往往是巨大的。企业一方面很难马上找到合适的接班人来承担辞职者的工作,另外一方面骨干的突然辞职也会给他所带领的团队造成很大的心理打击。突然失去将军的队伍可能会变得军心涣散、人心惶惶。

人力资源危机事件给企业带来的损失涉及各个方面,企业利润下滑甚至倒闭破产、企业人心涣散、工作效率下降、销量急剧下滑,重要客户流失等。

方正这种不正常的人事变动,就是我们如今被企业管理者广泛提到的人力资源危机。

企业人力资源管理的目的是为了保证由最适当的员工去实现组织目标,它是企业战略计划的重要组成部分。人力资源为企业生存、成长、发展、创新及对环境的适应和灵活反应，提供有力的支持与保障。

那么，为什么有的公司人丁兴旺、团结一心、充满激情，有的公司却是人心涣散、心猿意马、死气沉沉？一切企业管理的问题说白了就是人的问题。

研究表明：人力资源危机不仅是中国企业最经常面临的危机，也是给企业造成严重影响的危机之一，有33.7%的被调查企业表示人力资源危机对企业产生了严重影响。

1．人力资源危机的主要表现

● 人才大量流失。主要表现为：普通员工的频繁跳槽和中高层管理人员的非正常离职。人才的流失，一方面破坏了企业固有的组织结构和合作模式，另一方面，如果员工被企业的竞争对手所接纳，会增强对手的势力，对企业造成巨大的冲击。

● 企业某位核心领导人物突然死亡。比如，2004年4月19日，麦当劳CEO坎塔卢波因心脏病突发而去世。紧要关头，领袖猝死，这样的突变对一个公司可能产生致命的打击。

● 员工士气低落。当员工觉得工资福利待遇低、意见不被重视、个人发展空间小、前途渺茫时，员工的士气就会受到打击，员工的工作责任心持续降低，工作热情和积极性受挫。这表明组织可能出现了绩效考评或激励机制方面的危机。

● 员工素质低。员工的整体素质跟不上时代发展的步伐，不利于生产效率的提高。

● 员工年龄结构变化。如果企业员工中年轻人过多或老年人过多，就会出现人才断层。

2．人力资源危机的预防和解决

一定的人员流动率是经济和社会发展的必然结果，但过度频繁的流动，无论对个人还是对企业而言都是一种资源浪费。中国最缺的不是资金，也不是技术，更不是市场，而是人才，特别是优秀的高级管理人才。那么企业应该怎么做呢？

了解到人力资源危机的主要表现和原因后，企业要根据具体情况进行危机的预防和解决。

● **树立和落实科学的人才观**。正确应对企业人力资源危机，需要我们在着力打造一流的知识型、创新型团队的同时，树立以人为本的人才战略，牢固树立"人力资源是第一资源"的新理念。

首先，要真正从心理上重视聘用人员。把他们视为企业的一部分，实现同工同酬，使他们对企业产生心理认同感。

其次，要以发展空间留人。人力资本是"流动资产"。企业应在发展的前提下，尊重个人的发展和提高，给人才提供尽可能多的发展机会和平台。只有当自身经济价值和社会价值都达到最高后，人才才能真正稳定下来，企业的人力资源危机也才能真正得到解决。

● **建设积极向上的企业文化**。企业文化建设是企业提高员工忠诚度和向心力的重要手段，通过创造良好的企业文化氛围，铸造员工共同的行为模式，上下一心，团结一致，为实现企业的发展目标共同努力。

● **进行科学的人力资源规划**。管理人员应该在平时注重内部不同阶层员工的"梯队式"培育，尽早培养"接班人"，扩充人力资源补充途径，以防中高层管理人员的意外离职，给企业带来的巨大损失。

企业应该在平时注重高层管理人员接班人的培养，或者使用合理的内部竞聘制度，选出新的管理者。这样，一旦出现重要管理人员意外离职或意外死亡的情况，可由"接班人"直接接任其工作，对企业的正常运转不会造成过大影响。

总而言之，管理人员在进行管理时，要做到以下几点：

● 应该让员工感觉到你是在真心为员工着想。

● 应该对员工严格要求。

● 企业应该提倡"德为先"。

● 对员工进行必要的周期性的培训,"逼"员工不断进步。不要害怕精心培育的人才会流失。实践证明,你给予的越多,员工越舍不得离开。

◇ 产品危机

案例

1964年,爱华公司生产出了日本第一台盒式磁带录音机,但是在它按照索尼公司的Betamax格式制造盒式录像机时却栽了个大跟头,这种格式的录音机始终没有流行起来。20世纪80年代中期的日元升值几乎断送了这家公司的前途。

近日,一名天津消费者状告可口可乐旗下的"健怡可乐"配料中含有咖啡因和苯甲酸钠,而这两者的合成物正是国家严格管制的一类精神药品"安钠咖"。就在此事发生之前,可口可乐还在印度被指责农药含量超标。

近年来,波及全国的一些生产性事故和企业危机事件越来越频繁发生。如阜阳奶粉事件、德隆危机事件、杜邦"特富龙"不粘锅事件等。

以上所说的这些事件,就是企业面临的产品危机。

产品危机,是指企业由于产品不能得到推广,或在产品质量、功能上和消费者产生纠纷,给消费者造成重大损失,进而被要求赔偿,甚至被责令停产的事件,是最常见的一种企业危机。

1. 产品危机产生的原因

● **消费者需求的变化**。消费者需求的变化会导致企业供给的现有产品滞销。

● **企业的目标市场缩小或消失**。产品难以顺利售出,造成产品的大量积压,盈利目标无法实现等。

- **竞争对手力量对比的变化。**这种力量对比的结果将是优胜劣汰。
- **产品质量受到质疑时。**例如，近期闹得沸沸扬扬的苏丹红事件等。
- **战略规划能力幼稚。**过于单一的产品、不当的业务组合、错误的扩张方向、不利的协同关系等，使得祸患一发就波及全身，即便奋力扑救也终于无力回天。

2．产品危机的预防与处理

调查显示：9.5%的企业认为产品和服务难免会出现问题，因此，当发生危机时，他们"不采取任何措施"；25.5%的企业采取"观望"态度，当出现危机时，先不采取措施，视媒体和公众的反应再制定应对方案；39.5%的企业按照企业内部现行的处理机制进行处理；只有25.5%的企业会立刻根据具体情况制定处理方案并采取行动。

"兵贵神速"，危机来临时，选择不采取措施和"观望"态度，往往会使企业"兵败如山倒"。

了解了产品危机产生的原因后，管理人员应该如何来预防和解决危机呢？

- **重视对顾客需求的市场调查。**调整产品供求策略，使生产的产品适应市场的变化。
- **加强产品的质量管理，完善售后服务。**产品的质量是产品适销的重要因素，只有质量得到了保证，消费者才会接受产品。
- **推出新产品。**进行新产品、新技术的研发，更好地满足市场需求。
- **改进促销手段。**企业可以通过促销活动来改变需求，延长产品的生命周期，使滞销产品从某种程度上得到恢复，出现新的销售势头。比如，给予赠品、特价包装、优惠券等。
- **进行价格调整。**市场竞争日益激烈，企业要想立于不败之地，必须抓住消费者希望物美价廉的心理，适时调整价格，刺激他们的消费欲望。

⇨ 财务危机

1999年4月,科利华以7000多万元人民币购得阿城钢铁公司49%的股份,从而入主阿城钢铁公司,成为中国第一家借壳上市的民营企业。

但是在科利华购买阿城钢铁时,阿城钢铁隐瞒了其负债2亿多元人民币的真实情况。科利华占有的股份是在当时不能上市流通的国有股份,而阿城钢铁和科利华的经营状况都达不到证券管理部门规定的配发新股的要求,配发新股筹集资金也成了空谈。

入主阿城钢铁使科利华白白损失了7000多万元人民币的净现金,而且背上了近2亿元人民币的债务。

事后,许多业内人士都未觉得意外,因为借壳上市后,科利华没有做管理制度上的改革,更没有建立董事会监督机制。所以,这一切的发生也是在意料之中的。

科利华遇到的危机就叫做财务危机。

财务危机是指企业在快速增长或加大投资时,容易出现的资金周转不灵或现金断流问题。从法律意义上讲,财务危机对企业来说也是极其重要的,一旦财务丑闻曝光,企业形象将会大打折扣。

冰冻三尺,非一日之寒,财务危机的存在不是一朝一夕所致。任何企业在出现财务危机的时候,其实种种不祥的征兆已如浮出水面的冰山,逐渐浮现,但这些征兆却常常被企业管理层所忽视。

那么,哪些问题的出现是财务危机的早期信号呢?

1. 财务危机发生前的征兆

● **销售的非预期下跌(如恶性竞争、客户串通作弊等)**。大多数人往往将销量的下降仅看作是销售问题,用调整价格、产品品种或加强推销来解释，而不考虑财务问题。

● **过度依赖贷款，不能到期支付债务**。较大幅度地增加贷款只能说明该企业资金周转失调或盈利能力低下。如果到期不能偿还债务，表明有存在财务问题的可能。

● **交易对方财务状态恶化，发生支付困难**。企业的平均收账期延长，现金被占用。如果长时间如此，可能演变成严重的财务问题。

● **过度大规模扩张**。如果一家企业同时在许多地方大举收购其他企业，同时涉足许多不同领域，会使企业因负担过重、支付能力下降而破产。世界著名的连锁店、日本的八佰伴就是因为扩张速度过快，造成现金断流而倒闭的。

● **经济效益严重滑坡**。企业的一切经营活动，最终都要由经济效益体现出来。如果企业销售额上不去，成本却在不断攀升，导致盈利空间逐步缩小，甚至连年出现亏损，这就出现了财务危机的明显征兆。若长期下去，企业必然陷入绝境。

● **财务报表不能及时公开**。财务信息公开延迟一般都是财务状况不佳的征兆。如果一个公司的财务信息总是公布不及时或是有意拖延，那就表明其情况不佳，有时会隐伏着严重的财务危机。

2．财务危机的诱因

● **企业片面地追逐短期利益**。有的管理人员在企业经营上毫无办法，却精于在财务上巧立名目，如通过股票等投机行为，使其他业务收入大幅度增长。一旦国家行业政策规范或是股票市场出现震荡的时候，企业的经营就举步维艰，其中大部分企业的最终结果是收入滑坡、成本费用高涨、债台高筑。

● **管理者存在损害企业利益的行为**。有的管理人员将企业资产随意抵押，为其他企业的风险项目提供担保，引起官司后，因承担连带责任，而给企业造成巨大损失；有的甚至把公款长期借给私人或私人企业占用；有的偷逃税款，等等。

3. 财务危机防范对策

(1) 建立财务危机防范机制

要求管理人员做到以下四点：

● 加强对危机的教育。使企业全体员工都能牢固树立危机意识。

● 加强对危机的预测。主要是把握各种财务危机的信号，以便采取相应的应对措施。

● 加强对危机的防范。事先对企业的资本经营活动进行危机战略设计，制定一套乃至几套防范危机的方案，以便对危机进行预测，尽量避免危机发生。

● 加强对危机的控制。在危机可能发生或已经发生时，通过一定的手段和方法，及时控制和扭转被动的财务局面，使企业最大限度地避免或减少危机损失。

(2) 优化财务结构

财务结构优化是企业财务稳健的关键，其具体标志是：综合资金成本低，财务杠杆效率高，财务风险适度。企业应当根据经营环境的变化，不断通过存量调整和变量调整(增量或减量)的手段保证财务结构的动态优化。

优化财务结构的重点是对资本、负债、资产和投资等进行结构性调整，使其保持合理的比例。

● 优化资本结构。企业应在权益资本和债务资本之间确定一个合适的比例结构，使负债水平始终保持在一个合理的水平上，不能超过自身的承受能力。

● 优化负债结构。重点是负债的到期结构，要求企业在允许现金流量波动的前提下，确定负债到期结构，保持安全边际。

● 优化资产结构。主要是确定一个既能维持企业正常生产经营，又能在减少或不增加风险的前提下，给企业带来尽可能多的利润，资产结构的核心指标是反映流动负债间差额的"净营运资本"。

● 优化投资结构。主要是从提高投资回报的角度，对企业投资情况进行分类比较，确定合理的比重和格局。

(3) 抓好现金流量生命线

企业最基本的目标是股东财富或企业总价值最大化。它通过获利水平和利润指标反映出来，而这一切都是建立在现金流量这一企业生命线上的。不少企业陷入经营困境甚至破产，并非因为资不抵债，而是由于暂时的支付困难。

温馨提示

利润或企业总价值最大化不能停留在账面盈利上，而要以价值的可实现性和变现能力作为前提。企业要把利润和现金放在同等重要的位置，加速资金回笼和周转，提高资产变现能力，加强对应收账款的管理和催收力度，尽量减少呆坏账。

(4) 建立财务监控体系

公司扩张规模的行为应与财务控制制度建设保持同步发展，否则容易造成财务失控。企业应奖励有效的财务监控体系，加强对公司债务、资产投资回收、现金回收和资产增值等方面的财务管理与监督，严格担保和信用证开证额度管理。

另外，企业要着眼于未来现金流量情况，通过预算管理对投资总额、负债水平、资产状况进行控制，并对未来重大项目的融资投资及大笔债务的还本付息等作出统筹安排。

◇ 媒体危机

2005年，对于日化品行业而言，可谓是多事之秋。最近，高露洁又爆出危机。说起来,高露洁还真是有点无辜,这次危机起源于英国的一个三流小报的一篇报道中。该报道称,数种牙膏可能致癌,而文中并没有指明有高露洁牙膏,但经过国内媒体的意译造成此次危机。

危机发生后,高露洁没有主动找媒体证明自己,也在记者求证时,称自己的产品完全符合国家标准,并且对于细节问题谨慎言语。

直到4月16日,才发表声明——"消费者可以绝对放心地使用高露洁产品"。紧接着4月27日在北京召开新闻发布会,邀请近百名记者,就相关问题消除媒体的影响。

以上高露洁公司遇到的危机,就是我们所说的媒体危机。

纵观商海,既有因在危机中没有处理好与媒体的关系,而使形象一落千丈的企业;也不乏因在危机中妥善处理好了与媒体的关系,不仅使危机的负面影响降至最低,还"乘势"扩大了知名度和美誉度的企业。由此可见,现代企业与媒体保持和谐关系的重要性。

总之,媒体既扮演着危机平息者的角色,也充当着危机制造者的先锋。所谓"成也媒体,败也媒体"。一篇对企业负面的报道,往往需要6—7篇正面的报道来艰难地消除影响。

既然媒体危机有这么大的影响力,那么企业应该如何来化解这种危机呢?

温馨提示

调查发现:对于媒体不利于本企业的不真实报道,11.5%的企业采取听之任之的态度;36.3%的企业要视公众的反应再反应;33.2%的企业要投诉该报道的记者。这些消极被动或过激的反应均不利于企业与媒体间建立良好的关系,不利于企业用好媒体这把双刃剑。

面对媒体危机,企业一定是躲不过去的。那么企业应该怎么做呢?每一个有远见的企业决策者和公关人员都应该重新审视媒体的力量，并制定好正确的应对策略。具体内容如下：

● 动手解决越早，危机就越小。要在最短时间内与媒体进行接触，做正面回应，而不是三缄其口，"无可奉告"。沉默和回避也是一种回答，但对媒体来说，沉默可能被理解为默认、逃避、不以为然等各种不同的回复，结果，必然导致对企业极其不利的氛围。

● 在公关活动方面，充分意识到新闻公关的作用，主动证明自己。比如，上例提到的高露洁公司，在2005年4月28日，将"高露洁并不致癌"、"高露洁是无辜的"等消息，发布到全国各大媒体网站上，这在一定程度上消除了消费者对高露洁的怀疑。

● 危机发生早期，对新闻和负面报道进行一定的控制，对舆论作出有利导向。通过媒体给消费者一个理由充分、证据齐全的解释，阻止各种负面报道满天飞。

● 公司内部平时就要准备好一套处理媒体危机的机制。认真分析一下哪些地方有可能出岔子，有针对性地一一列出防范措施，以及处理媒体危机的具体责任人。

● 此外，从长远利益来讲，大公司要建立起一套自己的媒体监测系统。要时刻注意是否有对本公司不利的新闻或文章，或者竞争对手的动向，就此建立起良好的沟通和预警系统。

当危机不可避免地爆发时，企业的态度常常直接决定结果。就像一个人做错了事，还扭着脖子狡辩，结果只会更糟。企业勇于承担责任，虽然有时可能会在经济上吃些亏，但有时反而可能把一场危机转化为有利于品牌推广的契机。

媒体公关就是一柄双刃剑，天使或恶魔，关键在于控制剑的人。剑动于无形，功成于有形，在事件发生的整个过程中，从剑起到剑落、从峰回到路转，都需要拿稳手中的无形之剑。

如果处理得当，可以取得许多想象不到的效果，使原本复杂的事情简单化，使原本没有希望的结果变得富有活力，使原本没有价值的新闻变得价值倍增。媒体公关的关键在于运用，只要善于运用媒体公关，它就会给企业带来增值，而不是带来难堪。

天灾

案例

2003年4月下旬，一位从外地出差回京的摩托罗拉员工出现SARS感染症状。摩托罗拉随后的一系列动作，给我们提供了一个危机管理的范本。

在发现SARS感染者之后，公司迅速按照危机管理系统制定出业务持续发展计划。首先对办公设施进行了彻底的清洁与消毒，暂时停止使用北亚中心楼内的中央空调系统，并建议多数员工在家办公或使用备用的办公设施，只留少数员工在楼内办公。

危机管理系统及业务持续发展计划，在关键时刻保证了公司各项业务的有序进行。公司还实行"轮班制"，安排员工轮流上班，既降低了办公室的人员密度，又保证了工作持续进行。公司充分利用便携式电脑、高速拨号连接、电视、电话会议及其他办公设施，确保了业务的正常进行，成功地克服了SARS带来的困难。

另一方面，公关部一点没有闲着，不停地对外界通报公司状况，与员工、客户和社会公众保持坦诚的交流，及时向媒体及客户通报业务的发展情况及公司所采取的相应措施。

摩托罗拉的高明之处，也是危机管理的最高境界——面对"危机"，能够化解其中的"危险"，还能把握住其中的"机会"。

4月下旬，摩托罗拉（中国）公司董事长兼总裁陈永正向北京市政府承诺：从即日起，公司将加强对北京集群通信网络现有系统的技术支持服务，同时，向北京市捐赠对讲机，用于城市卫生医疗防疫战线的指挥调度工作。

公司在发现SARS感染者不久之后，总裁兼首席运营官麦克·扎菲罗夫斯基造访中国，拜见政府领导人，向中国政府捐赠抗SARS设备、现金和物资，与北京市政府签署了合作备忘录，慰问了在中国公司的员工，与客户见面，同媒体沟通。

麦克·扎菲罗夫斯基几乎展示了一个处于危机中的公司领导人所必需的全部素质。

摩托罗拉公司遇到的这种危机就属于"天灾"带来的危机。

天灾是指人们无法预测和人力不可抗拒的强制力量，如地震、台风、洪水、疫病等自然灾害造成的危机。这类危机不以人的意志为转移，严重影响着企业的生产经营活动和业务开展。

温馨提示

对待这种自然性危机，关键是看事件发生后，企业能否迅速组织内部员工共同度过"非常时期"，并与外界公众及时沟通，求得帮助、支持和理解，迅速排除危机。

自然性危机是在训练公司的免疫力，不同公司反应不同，关键是看谁一下子就进入适应阶段，学会与灾难相处，同时找出机遇。越是管理能力强、经营状态好的公司，越能够按部就班地保持正常经营。

遇到天灾后，企业要做到以下几点：

● 充分发挥对员工的关心和爱心。不管遇到什么危机，员工都是企业发展的根本力量，一定要时刻关注他们。

● 加强企业的凝聚力和员工的向心力。

● 制定"持续运营计划"，即制定一套防范突发事件的程序。

● 加强与各方面的沟通，信息披露到位。

企业要想能抗击危机，平时就应"锻炼身体，改善体质"，从而才能在危机中求生存，求发展。

→ 人祸

> **案例**
>
> 伊拉克战争进入第 11 天时,对于以出入境旅游为主要业务的中国康辉旅行社来说,心急如焚却又无可奈何。面对战争,只能眼睁睁地看着出入境旅游人数锐减和更多人退团。
>
> 旅行社副总经理郭东杰无可奈何地对记者说,此次战争带给企业旅游方面的损失是无可估量的。据他透露,通过康辉来华旅游的团队已经取消了一半,仅康辉总社(不包括全国各地分社),这一数字已经超过 1 万人。
>
> 郭总认为,战争影响已成定局,而其持续时间的长短将直接影响损失的大小。战争持续时间越长,对旅游业的影响越大,出入境旅游人数减少也越多。而且,战争的持续对中国人到澳大利亚和东南亚地区的旅游也产生了很大影响,人数也大幅下降,许多人也因战争而退团。
>
> 同康辉旅行社一样,三大老牌旅游企业之一的中国国际旅行社副总裁朱海波接受《中国经济时报》记者采访时,虽然不肯透露具体的损失数字,但也一再强调此次美伊战争对旅游行业的影响在"量"上是很大的。"现在只有先观望战势,战争对旅游业的影响目前已成定局,国内旅游企业当前面对出入境旅游业务的取消和停顿暂时也没有办法,做什么都不能改变战争带来的这种变化和影响。"
>
> 上述旅游业所遇到的危机,就属于"人祸"危机。

人祸危机主要是指社会暴乱、军事战争、恐怖袭击、工伤等意外事故带来的企业危机。近年来,国际政治危机频繁出现,如"9·11"事件、伊拉克战争等,多少给各国企业带来了不同程度的影响和危机。

就拿旅游业来说,与吃饭、穿衣等人类必需的消费不同,旅游是一种非基本生活消费。行业性质决定了它是一个高敏感性的行业,战争、自然灾害等外部因素都会给它带来冲击。

那么企业应该如何防范这种人祸危机呢？

首先，要求企业必须有一套自己的危机管理系统，并确保其有效性，在制订方案时必须考虑全面，注意到方方面面有可能发生的变化。

比如危机管理方案，起码应包含两个层面的内容：

● **受外力影响的情况。** 如出现战争、公共卫生安全等危机时，人的生命和财产安全都会受到影响。

● **业务流程上的情况。** 如导游带团旅行时碰到团友走失或是当地接待旅行社安排不周，出现住、行等服务不到位的情况，甚至到境外旅游出现手机没电等事宜，都必须写入。

有了方案后，以后一旦再碰到类似的情况，就可以有条不紊地按方案处置。

建立危机管理机制，还应该注重日常的维护。譬如，出境旅行社要在目的地国家建立良好的关系网络，与当地接待旅行社、我国使领馆等建立多方联系，以保证遇到紧急情况时可以找到多条解决问题的途径。

企业必须看到潜在的各种风险，从而对其产品结构进行调整，以有效规避风险。

除了上面提到的六种类型危机外，企业还会遇到价格危机、信息危机、创新危机等常见的危机。出色的企业管理者可以预测和监控危机，使濒临绝境的企业起死回生；而无能的企业管理者只会对危机束手无策，最终将企业的美好前景断送。

危机管理六原则

危机管理可界定为：有计划、有组织、有系统地在企业危机爆发前，解决危机因子，并于危机爆发后，以最迅速、最有效的方法，使企业转危为安。

任何疏忽危机管理的企业，随时都有可能遭到危机的重创。同时企业在危机发生之后，若不能自检、重视，并具体实践危机管理，那么绝不会因为危机已经爆发过，该企业就享有任何的危机豁免权。

企业的信誉是危机管理的出发点和归宿。在危机管理的全过程中，企业要努力减少危机对企业信誉带来的损失，争取公众谅解和信任。针对危机管理的目标和特点，一个完整的危机管理方案应遵循以下原则：

◇ 预防为主

凡事预则立，不预则废。企业的危机管理也是一样。由于危机管理具有预防性，所以危机并不是最可怕的，最可怕的是一个企业没有预防危机的意识，没有抵挡危机的预警机制。

"警惕性是首要的，大部分危机是可以避免的。"美国危机管理学院（ICM）的史密斯教授说。

另一位危机管理专家斯蒂夫·芬科提出，应该建立定期的公司脆弱度分析检查机制。"越来越多的顾客抱怨，可能就是危机的前兆；繁琐的环境申报程序，可能意味着产品本身会危害环境和健康；设备维护不利，可能意味着未来的灾难。"

"企业应该经常进行这样的脆弱度检查并了解最新情况，以便在问题发展成为危机之前得以发现和解决。脆弱度分析审查不仅有助于防范危机，避免对公司业务和利润造成不良影响，而且，还会使公司在未来变得更强大。"斯蒂夫·芬科说。

管理人员要有强烈的危机意识，把危机管理工作做到危机实际到来之前，为企业应付危机做好组织、人员、措施上的准备。这是危机公关的基础。有了充分的预防准备，企业才能在危机出现时，有信心、有计划地实施危机公共关系管理，做好危机沟通工作。

温馨提示

在危机管理过程中,最重要的任务就是预防。应该说,危机管理的最佳境界就是避免危机的发生。可见,危机管理中应把危机预防放在首位。预防性是有效危机管理战略最重要的特征,对危机管理成效的影响最大。

最高明的危机管理,不在于危机形成和爆发以后的干预,而在于排除可能导致危机的种种可能性,也就是危机的预防。换句话说,就是预防胜于救治,危机管理应从处理为主转变为以预防为主。

这是历经危机灭顶之灾后企业来之不易的启示。只有及时发现并消除危机隐患,才能避免危机损失;也只有充分预防,才能在危机处理过程中从容应对。因此,危机管理的重点理应从以处理为主转向以预防为主,开展危机公关事前管理,防患于未然。

危机管理必须做到如奥斯本和盖布勒所说的:"使用少量的钱预防,而不是花大量的钱治疗。"这就是真正的管理艺术。

◇ 公众利益至上

危机管理必须把握一个公众利益至上的原则。所谓公众利益至上,就是要求企业不要单纯考虑自身利益,还要重视其行为所引起的公众反应,并关心整个社会的进步和发展,以此获得自身利益的满足。

温馨提示

在危机环境下,公众首先是受害者。这时企业可能就要牺牲一些眼前利益,付出一定代价,也只有这样才能安抚公众,得到公众的好评,平息风波。况且从长远看,企业的美誉度也可以得到迅速提升。

企业如果鼠目寸光，斤斤计较，不惜以损害公众利益来平衡眼前的得失，其实质是对组织公共关系工作的根本否定。所以，危机处理人员在与公众接触中，要有诚意，站在受害者的立场上，表示同情和安慰，避免出现为企业辩解的言词，防止公众产生不信任感。

数年前，美国著名烟草公司菲利浦·莫里斯因为少量香烟的过滤嘴在加工过程中受到污染，引起吸烟者轻微的咳嗽，立即决定回收全部美国市场上同样牌号的香烟。从而有效地稳定了事故地区的人心，控制了危机的蔓延。

公众之所以对企业不满，最基本也是最重要的原因，就是他们感到自己的利益在一定程度上受到了损害，他们要保护自己的合法利益。危机处理人员如果能以公众利益代言人的身份出现，为公众争取利益。那么，对于整个危机事件的处理来说，就奠定了良好的基础。

除了利益抗争外，公众还存在强烈的心理仇恨。因此，在危机事件处理过程中，危机处理人员不仅要解决直接的、表面上的利益问题，而且要根据公众的心理活动特点，采用恰当的情谊联络策略，解决深层次的心理、情感关系问题，体现企业解决问题的诚意，这有助于问题的顺利解决。

案例

1982年9月29日到10月1日期间，在美国芝加哥地区，有7人因服用美国强生公司生产的泰诺止痛药而死亡，调查发现，死者服用的泰诺止痛胶囊含有剧毒的氰化钾成分，一时之间舆论哗然。

随后，又有媒体传言，在其他州也有200人因此死亡，并有2000多人处在死亡的边缘。负面影响迅速扩散到全国各地。泰诺止痛药与强生公司迅速成为死神的化身。很快，泰诺的销售额下降了87%，强生公司的股市价值也下降了20%，缩水19亿美元之多。

事件发生后，在首席执行官吉姆·博克的领导下，强生公司迅速采取了一系列危机公关措施。

首先，公司配合警方全力封锁泰诺产品的生产流水线，收回和封存了市面上的全部泰诺止痛药,并公开销毁了价值1亿美元的2 200万瓶可能存在问题的产品,还耗资50万美元向那些可能与此次污染有关的医生、医院和经销商发出警报。

如此一来,首先证明了泰诺是"顾客和公众利益至上"的,从而赢得了人们的同情。

同时,强生抽调大批员工对所有泰诺止痛药进行检验。经过公司各部门的联合调查,在进行检测的800万颗药剂中,发现受污染的只有一批药,总计不超过75颗,并且全部在芝加哥地区,不会对全美其他地区有影响。

后来经警方查证:出现这样的情况,是有人向胶囊中投毒,刻意陷害强生公司。

虽然危机事态已完全得到控制,但强生公司并没有将产品马上投入市场,而是基于对公众负责的态度,重新推出了三层密封包装的瓶装产品,排除了药品再次被下毒的可能性。

同时,强生再次通过媒体感谢美国人民对泰诺的支持,并发送优惠券,凡凭此券都可以免费获得2.5美元的泰诺新包装止痛片。此外,还在各个医院、药房专门指导服用,公司内部则设立250部免费热线电话以回答病人咨询,外部则设立专家组巡回演讲。

这一系列有效的措施,使泰诺再一次在市场上崛起,仅用5个月的时间就夺回了原市场份额的70%。

◆ 主动面对

对于企业来说,除了不可抗拒的自然灾害之外,几乎所有人为原因造成的危机都是可以预防的。企业危机有很多种,包括经营危机、信用危机和品牌危机等。在出现危机时,企业一定要勇敢地面对问题,巧妙地与媒体、消费者、公众沟通,而不是逃避问题。

危机出现后,企业通常处于被动地位,但这并不妨碍企业采取主动的行动。积极主动的行动，不仅能反映企业的负责态度和解决问题的诚意，还能避免企业被媒体及公众牵着鼻子走。

温馨提示

随着传媒业的日益发达，任何隐瞒和逃避的想法都是行不通的。因此，企业要实事求是地面对问题、解决问题，既不要刻意隐瞒什么，也不要试图逃避责任，更不可以编造谎言欺骗消费者和媒体。那样做只能将消费者和媒体推向自己的对立面，激化矛盾，加重危机。

危机发生后，公众首先关心两方面的问题：一方面，是利益上的问题，利益是公众关注的焦点；另一方面，是感情问题，公众一般都很在意企业是否在意自己的感受。

因此，企业管理人员在处理危机时，要主动面对，勇于承担责任。具体应做到以下三点：

● 不论是何种性质的危机，不管危机的责任在何方，企业管理者都应主动承担责任，妥善处理危机。即使受害者在事故发生中有一定责任，企业也不应首先追究其责任，否则，因为利益上的原因，双方会各执己见，加深矛盾，不利于问题的解决。

● 企业管理者应该站在受害者的立场上，给予受害者一定的同情和安慰，并通过新闻媒体向公众致歉，解决深层次的心理、情感问题，争取公众的谅解，同时也赢得他们的理解和信任。

● 对受害者及其家属给予相应的物质补偿。在情况尚未查明而公众反应强烈时，企业可采取高姿态，宣布如果责任在己，一定负责赔偿，以尽快消除影响。

企业必须认识到，只有诚恳的态度才是挽救企业的途径，傲慢无礼或推诿责任只能招致外界更大的反感，至于事件的真相到底如何，应在随后进行调查。

> **案例**
>
> 1998年夏天，是抗洪抢险的日子，为了让塔山英雄旅的官兵们能喝上干净的矿泉水，湖南省水利厅到湖南中康公司购买了13万瓶"长沙水"，火速送往抗洪一线。
>
> 不料，战士们喝下水后，有9名腹泻严重，10名肚痛难忍，3名呕吐，还有1名发起了高烧，领导连忙打开剩下的22箱水，结果发现除了3瓶没有沉淀物外，其余500瓶都不纯净。该旅凡喝了"长沙水"的战士，均有不同程度的肠胃不适症状。水利厅立即与中康公司联系商讨解决之策。
>
> 然而，中康公司却以"做不了主"推辞。10月上旬，水利厅委派干部携技术人员，就"长沙水"质量问题向官兵们道歉，中康董事长随行，但他盛气凌人，既没有给官兵们一个满意的答复，还当众打开一瓶"长沙水"一饮而尽，声称喝了这瓶水什么问题也不会有，这让战士们非常气愤。
>
> 事后经湖南省产品质量检测所检测，"长沙水"为不合格产品。随即媒体曝光，中康公司陷入了四面楚歌的境地。

中康公司缺少危机管理机制是不言而喻的。如果中康管理者积极面对，在事情发生时，就主动与抗洪战士沟通，进而与水利厅沟通，主动退回13万瓶购物款（水利厅提出退款要求，该公司态度冷漠，分文不退），就不会被新闻媒体曝光，更不会陷入四面楚歌的境地了。

◇ 快速反应

危机管理的法则是动手越早，损失越小。这是因为危机具有很大的危害性，甚至是灾难性，如果不能及时控制，将会出现"千里之堤，溃于蚁穴"的局面。

温馨提示

在危机发生的情况下,关键是要捕捉先机,在其危害企业之前对其进行控制,及时采取有力措施,果断快速地处理危机,稳定局面,防止危机失控。这既是企业坦诚对待消费者、充分给予其知情权的胸怀,又是其获取消费者理解和信任的技巧。高效率和日夜工作是做到快速反应不可缺少的条件。

著名公关专家弗兰克·杰弗金斯曾经谈到:"当灾难发生时人们应该怎么办?今天我们生活在化学、核能、电气外加恐怖危机中,危险的出现还往往不止这些,必须承认,如不采取措施防止最大可能的危机,任何事情都可能发生。

现代公关管理者必须认真考虑不太可能的因素——要像特种兵那样,命令一下就立即组织起来,投入战斗。这是公关的一个特殊领域,它要求具备阻止、准备及预防方面的管理技能,而不只是开记者招待会那样简单。"

危机具有突发性特点,一旦爆发,往往伴随着行政部门和新闻媒体的介入,而且会很快传播到社会上去,引起公众的关注。到那时企业必然会处在外界的一片指责声中,按兵不动或采取鸵鸟政策都是大忌,唯一的办法是由发言人在最短时间内发表坦诚的声明,承诺将迅速对危机进行处理,并及时对外通报。

温馨提示

在危机发生后,公众对信息的要求是迫切的,他们密切关注事态的进展。企业若能在处理过程中迅速发布信息,及时满足公众"先睹为快"的心理,强化各项解决危机措施的力量,就能防止危机的扩大化,加快重塑企业形象的进程。

如果你没有极快的反应速度，那么不论你有多强的实力，最终都会招致灾难。因为危机的危害是逐步加深的。危机反应和速度始终是危机管理的核心部分，没有速度的危机管理肯定不是最理想的危机管理。

> **案例**
>
> "快"与"慢"的区别
>
> 2000年10月31日晚23时18分，台北机场一架新加坡航空公司的飞机爆炸起火。
>
> 在空难发生的30分钟后，第一条新闻报道出现；2个小时后新加坡航空公司召开第一次新闻发布会，公布伤亡数字；4小时后公司总裁对外公布正在进行的调查内容；22个小时后，所有罹难者家属到达事故现场；25个小时后，总裁来到台北市。
>
> 48小时后，仅新浪网就有140篇空难的跟踪报道；50小时后，死难家属拿到第一笔救援费……
>
> 新加坡航空公司在短短20多年间，能从一家小公司一跃成为利润居世界之首的航空公司的原因，由此可见一斑。
>
> 反观1999年6月初，比利时和法国的一些中小学生饮用可口可乐发生中毒事件。一周后，比利时政府颁发禁令，禁止本国销售可口可乐公司生产的各种品牌的饮料。
>
> 在此期间，可口可乐公司的股票价格下跌了6%。事发后8天，可口可乐公司首席执行官道格拉斯·伊维斯特才从美国赶到比利时首都布鲁塞尔举行记者招待会，但为时已晚，可口可乐公司在欧洲市场上的形象受到前所未有的损害。

法国《新闻观察》杂志写道："一个每年赚取1 150亿法郎的公司，占据了全球最广泛的市场，怎么能作出这种反应呢？像可口可乐这样在全球享有盛誉的大公司，面对危机的反应如此之慢，实在令人难以理解。"

⇨ 统一口径

统一口径原则，是指在危机处理过程中，企业要指定第一发言人，以经过研究确定的口径，发布危机信息和企业的行动信息。以一个声音对外，确保宣传口径的一致，以防出现矛盾或存在差异。

对于同一危机事件，企业内部传出不一样的声音，是危机管理的大忌。不仅会令原本简单的事态趋于复杂，更会暴露出企业内部的"矛盾"，甚至可能由此引发新的危机。

新兴医院的危机

2004年8月2日，《瞭望东方周刊》质疑北京新兴医院以巨额广告打造"包治百病"的神话，随后多家媒体一齐指向新兴医院"广告门"。

新兴医院的反应还算及时，4日，便在其网站首页张贴了"律师声明"，称媒体报道严重失实、以偏概全，是对新兴医院的"恶意攻击"，院方将依法追究其法律责任。

5日，医院取消原定在长峰假日酒店举办的新闻发布会，改为7日在北京新兴宾馆举行。

在媒体见面会上，院方重量级人物悉数到场，每个人的发言各有侧重（没有统一口径），看上去是在有效利用这次与媒体沟通的机会，却没有想到言多必失，更何况是这么多张嘴一齐发声。

事后媒体对此次"见面会"进行了报道，他们对院方的态度和言辞起了"公愤"——直言医院答非所问，有的甚至以揶揄之辞描摹院方的"表演实况"。

虽然时至今日，新兴医院的诚信危机已告一段落，但院方在危机事件管理方面所表现出的颟顸却也是有目共睹的。

由于媒体和有关方面会通过发言人以外的其他人来了解情况、搜集信息。因此，缓解危机需要"疏堵"结合——"疏"对外，"堵"对内。对内，必须杜绝那些未经授权便擅自发声的情况；对外则根据事前的部署，由危机事件管理者指定的发言人发布信息，以免出现不必要的枝节。

除非必要，一般在危机处理过程中，发言人最好不要随意更换，这样既浪费时间（需重新了解事情的真相），甚至可能造成在沟通方法和口径上与原来不一致，以致引起公众的怀疑，对企业处理危机非常不利。

另外，危机发言人不宜让企业最高层担任，因为如果危机事件出现新的变化，企业的最高层还可以出来说话，挽回过失，这也是给企业留下回旋余地的重要办法。

⇨ 真诚坦率

福特为凡士通（Firestone）的问题轮胎名声大受影响。

为挽回损失，公司耗资350万美元在全美200多家知名网站上刊登了一则告示："有关凡士通轮胎一事，请点击福特的正式新闻主页。"主页上介绍了更换轮胎的地址、公司新闻公报以及联系方式。

福特这则广告所传达的信息是：请相信我们的努力，一切问题都可以得到解决。

调查显示，广告刊出后的头7天，点击数达到5 000万次。虽然福特因轮胎事件声誉受损，但随后进行的大规模的广告活动至少证明它是一家负责任的企业。

当危机爆发后，及时的沟通是化解危机的重要途径之一。危机管理中要做的沟通有四个方面：内部员工、政府及相关部门、媒体以及消费者，忽略任何一方都不能算是完美的。

一般情况下，任何危机的发生都会使公众产生种种猜测和怀疑，甚至新闻媒介也会有夸大事实的报道。因此，危机一旦发生，企业要想取得公众和新闻媒介的信任，必须采取真诚、坦率的态度，越是隐瞒真相，越会引起更大的怀疑，这时要"说真话，赶快说"。

"以诚相待"是危机管理工作中取信于民、转危为安的最佳手段。"说真话，赶快说"要求企业在被"揭发"之前，把企业所掌握的真相老老实实地公之于众。一旦外界通过其他手段，了解到某些事实真相，那么企业将会陷于非常不利的局面。

温馨提示

出于职业的需要，对于发生的事情，媒体有着强烈的好奇心。而在危机事件的初发阶段，社会上的舆论往往是一面倒的，各种公众都抨击企业，指责企业，而且越是反对企业的信息，越是容易传播，公众越是容易接受。所以，企业管理者更要主动地与新闻媒介联系，尽快与公众沟通，说明事实真相。

英国著名危机管理专家迈克尔·里杰斯特，尤其强调实言相告的原则。他指出，越是隐瞒真相越会引起更大的怀疑。真诚坦率的前提是企业能全面准确、公正客观地了解事件真相，并纠正不当行为。

坚持真实性能促使双方的沟通和理解，消除疑虑与不安。而且有些危机事件是由于公众误解而造成的，解决这种危机的手段就是向公众提供真实的信息，通过大众传播媒介广泛宣传，流言、误解自然就会消失。

比如，三菱汽车频发的事故引起舆论警觉后，又爆出该公司23年来蓄意隐瞒客户投诉的消息，结果三菱被迫在全球范围内召回近百万辆问题汽车。在蒙受巨大经济损失的同时，也失去了消费者的信任，而这种损失无法用金钱估算。

因此，企业发生危机后，必须真诚坦率，承担起相应的责任，做好善后工作，尽快挽回声誉，否则就会一发不可收拾。

事前管理——居安思危，才能常胜不败

中国有句古话：人无远虑，必有近忧。意思就是说人要经常居安思危，一个企业更是如此。平时多一些危机意识，设想种种危机可能，制定种种危机对应策略，提高危机管理水平，在危机来临时能够镇定从容，就已经赢得了第一步。

有人说，商海危机莫测，企业犹如一叶飘摇的小舟，时而艳阳高照，风平浪静，一帆风顺；时而阴云密布，波浪汹涌，处境险恶。企业发展的不确定性时刻都在提醒我们：在顺利时，你要有紧迫感、危机感，要居安思危。

 案 例

到底谁的医术最高

魏文王问名医扁鹊："你们家兄弟三人，都精于医术，到底谁的医术最高呢？"

扁鹊答道："大哥最好，二哥次之，我最差。"

文王再问："那为什么你最出名呢？"

扁鹊答道："我大哥治病，是治病于病情发作之前。由于一般人不知道他事先能铲除病因，所以他的名气无法传出去，只有我们家的人才知道。

我二哥治病，是治病于病情初起之时。一般人以为他只能治轻微的小病，所以他的名气只及于本乡里。

而我治病，是治病于病情严重之时。一般人都看到我在经脉上穿针管来放血、在皮肤上敷药等大手术，以为我的医术最高明，名气因此响遍全国。"

文王说："你说得好极了。"

如果把企业的危机比作人的疾病，能够防范危机无疑是最高明的，而能够把危机化解在萌芽之中，也是比较高明的。

也就是说，对危机进行管理，事后控制不如事中控制，事中控制不如事前控制。然而，大多数管理人员没有体会到这一点，等到错误的决策造成了重大的损失后，才来寻求弥补，有时只能是兴叹"亡羊补牢，为时已晚"。

◇ 培养危机意识

华为总裁任正非在《华为的冬天》里写道："所有员工是否考虑过，如果有一天，公司销售额下滑、利润下滑甚至破产，我们怎么办？我们公司的太平时间太长了，这也许就是我们的灾难。居安思危，不是危言耸听。"

又如，微软公司原总裁比尔·盖茨的一句名言是："微软离破产永远只有18个月。"

在危机到来前，企业首先要培养危机意识。所谓危机意识，就是在危机发生前，对危机的普遍性有足够的认识，面对危机临危不惧，积极主动地迎战危机，充分发挥人的主动性和创造性。

三株总裁吴炳新在经历了三株生死劫难后说："最好的时候，也就是最危险的时候。"

案例

据报载：美国康奈尔大学曾做过一次"青蛙实验"。实验者将一只青蛙突然丢进沸腾的油锅里，青蛙在遇到突如其来的强刺激后，反应敏捷，瞬间产生了极强的爆发力，奋力一跃，跳出油锅。青蛙死里逃生，而且毫发无伤。

半小时后，实验者又把那只活蹦乱跳的青蛙放回原来的锅里，只是这回锅里盛满的是冷水，然后，实验者慢慢在锅底生火加热。

起初，"不谙人事"的青蛙在冷热适宜的温水里自得其乐地畅游，尽情陶醉在享受之中。随着水温在不知不觉中逐渐升高，青蛙在缓慢的变化中却没有感受到危险，最后，一只活蹦乱跳的、健壮的青蛙竟活活地被煮死了。

"冷水煮蛙"的现象值得企业管理人员深思。其实，造成危机的许多因素早已潜伏在企业的日常经营管理之中，只是由于企业管理人员缺乏危机意识，没有引起足够的重视，因此不能提前采取防范措施。

温馨提示

危机通常都是无法预测的事件，但无法预测并不意味着不能准备。所以，管理人员要善于培养自己和员工的危机意识。

危机的预防有赖于全体员工，上到高层管理者，下到普通员工，都应"居安思危"，将危机的预防作为日常工作的组成部分。只有具备了危机意识，才能提高企业抵御危机的能力，有效地防止危机的发生。即使危机发生了，损失也能降到最低程度。

海尔的生存理念是"永远战战兢兢，永远如履薄冰"，这给人一种强烈的忧患意识和危机意识，也成为海尔集团打开成功之门的钥匙。

早在1985年，海尔集团总裁张瑞敏就当着全体员工的面，将76台带有轻微质量问题的电冰箱当众砸毁，使员工产生了一种危机感与责任感，由此创造出了一套独具特色的海尔式产品质量和服务理念，如"用户永远是对的"、"海尔卖的不是产品，而是信誉"、"真诚到永远"等。

危机预防应从企业创办时就着手，伴随着企业的经营和发展长期坚持不懈。那种出现危机才想到危机管理，把危机管理当作一种临时性措施和权宜之计的做法是不可取的。管理人员能否在危机尚未全面爆发时，敏感快速地意识到潜在危机，对于化危机于无形具有十分重要的意义。

俗话说："天有不测风云，人有旦夕祸福。"无论是天灾还是人祸，危机总有可能发生。顺利渡过危机的关键取决于企业管理者是否重视对危机的预防，是否有较强的危机意识。

老王被邀到某人家里做客,他注意到主人家的灶上烟囱是直的,旁边还有很多木材。

于是他对主人说,你们家的烟囱要改为弯的,木材也要移开,否则容易导致火灾,主人听了没有做任何表示。

不久,主人家果然失火,四周的邻居都跑来救火,在大家的努力下,火很快被扑灭了。于是主人烹羊宰牛,打算宴请四邻,以酬谢他们救火的功劳,但是却没有请当初建议他将木材移走、烟囱改曲的老王。

邻居不解地对主人说:"如果当初听了老王的话,今天也不用准备筵席,而且也不会有火灾的损失了。既然要'论功行赏',原先给你提建议的老王没有被感谢,而救火的人却是座上客,真的很奇怪呢!"

主人顿时省悟,赶紧去邀请当初给予建议的老王来喝酒。

从某种意义上讲,企业最大的危机就是没有危机意识。只有在企业内部和关联单位培养并强化危机管理意识,认识到危机是随时可能发生的,并破除侥幸心理,企业才能真正做到居安思危。没有这点意识,那么别的一切都是空的。

培养员工危机意识,主要通过危机教育来实现。危机教育的方式多种多样,主要包括:

● **案例分析**。比较生动,有较强的趣味性,容易为员工接受。

● **正面训导**。通过分析企业内外形势、回忆过去经历的危机,告诫员工增强危机意识。

● **负面强化教育**。通过语言、文字、图片、录像等方式描述危机情景,展示危机所带来的巨大损失和受害者的痛苦,形象、直观地激发员工的危机意识,效果较好。

⇨ 拟订危机计划

"应当像认识到死亡和纳税难以避免一样,必须为危机做好计划:知道自己准备好之后的力量,才能与命运周旋。"

——史蒂文·芬克(Steven Fink),美国著名咨询顾问

虽然说预先识别出危机并将危机"扼杀"于无形,是成本最低的危机管理方式,但是,即便企业防范措施做得再好,也不能确保"万无一失",保证危机绝对不会发生。

因而,危机管理要求企业能"未雨绸缪",超前决策,精心策划出全面的危机管理计划,以便危机真的来临时,能够从容面对,不至于措手不及地去打无准备之仗。

温馨提示

调查显示:超过半数(58.5%)的企业已经意识到了危机管理计划的重要性。他们在制定年度经营计划的同时,会制定出一份完整的危机管理计划。

但是,由于危机管理计划与一般计划之间存在着巨大的区别,即一般计划在制定后就要努力使之付诸实现,而危机管理计划在制定之后,人们并不希望该计划有实现的机会,并且在现实中确实有许多危机管理计划并没有实施。

所以,这使得有些管理者存在侥幸心理,不愿意花费人力、物力、财力来思考和制定它。调查发现,有近四成(39.5%)的企业在制定年度经营计划时,并没有制定正式的危机管理计划。

那么究竟什么样的危机计划才能真正有效呢?

企业应根据可能发生的不同类型的危机,制定一整套危机管理计划。一套完善的"危机管理计划",对于一家企业能否继续生存在市场上的影响,足可比拟一套良好的"商业计划"所占的地位。基本的危机管理计划见表3-1,

应包括 10 个方面的内容。

表 3-1 危机管理计划

背景描述	危机管理计划的目标：清晰阐述计划的意向； 危机事件的界定：界定什么样的紧急事件为企业的危机事件； 危机管理计划的更新、修订及发放程序； 危机管理的组织：概述处理危机事件的组织架构，包括主管及组员的人选。
沟通原则	与员工、股东、受害者、公众、政府、媒体等的沟通。
危机的识别与分析	识别：列出环境和组织中可能导致危机事件的因素； 分析：除分析发生机会和后果严重性外，还要考虑管理难度，以及可能造成的公众影响，综合分析有助于提升危机分析的准确性。
危机的预防措施	认识企业危机的原因、种类、特点、发生形式和危害性，加强企业管理人员的危机意识； 通过培训等手段，确保危机发生时有一群掌握危机管理相关知识的专业人员； 事前联系好危机发生时可能需要的媒介资源及求援组织（如医院、消防队、公安部门、兄弟企业等）； 制定各种应急计划并不断演习，不断更新危机预警管理方案，并按一定标准检查和监督执行。
建立危机管理小组	确定首席危机官或危机管理负责人； 确定危机管理小组的成员，并对各成员的权利和职责进行描述和界定。
危机管理的准备工作	训练：确保参与工作的人员能胜任其被指派的任务； 演习：定期安排处理的演习，使应变人员熟悉既定的应变程序或危机计划； 应变设施：确保应变设施能正常操作和使用；

（续表）

	新闻发布：指定相关的部门或人员负责危机前后的查询和新闻发布工作。
危机的发现、预警和报告程序	详细列出企业的特点、存在的危机隐患以及可能发生的危机； 危机调查和预测的书面报告； 制定有效方法，确保危机发生时能尽快通知企业员工，以便作出快捷和有效的反应。
危机应变	制定紧急应变程序以处理企业所界定的各种危机事件； 明确规定各员工所承担的危机处理工作。
危机管理的善后处理	制定恢复企业正常运作的程序，确定执行人员的职务； 仔细记录危机事件，以此作为保险索赔及事故呈报和诉讼的依据； 事故的调查：列出调查的程序及相关负责人员； 清算损失：指派人员负责清算企业的资源和业务损失； 善后工作：检查在危机处理中是否有不足或未完善的地方，逐步改进。
附录资料	内部危机应变人员的姓名、职务及紧急联络电话； 外部相关单位的联络方式。

某国际大型轮胎公司的危机处理计划可见表3-2。

表3-2 某轮胎公司的危机处理计划

建立危机处理指挥中心	招募必要的专业顾问，如法律顾问、公关顾问、管理顾问、财务顾问等； 对危机发展可能的情形进行预测，计划并制定相应对策； 指挥各相关业务部门展开危机处理：生产计划、财务、销售与市场、制造、采购与后勤、法律、人事等； 指挥公共关系和企业形象管理工作。

(续表)

制定全面的沟通计划	媒体沟通(媒体关系管理、新闻发布渠道、新闻材料准备、信息收集与跟踪等);
	政府沟通(联邦政府运输部、消费者保护机构、国际相关机构等);
	员工沟通/工会沟通;
	投资者/股民沟通;
	业务伙伴沟通(供应商、汽车制造商、贷款银行、运输商、经销商等);
	法律事务沟通。
保证业务运营的连续性	战略规划与预测:历史数据已经无法用于业务预测,需要调整企业计划;
	预算:过去的预算制定方法与结果都需要调整;
	生产计划:危机时生产的灵活性成为关键,不再追求设备利用率;
	库存调整:需要快速处理当前的大量库存以保障生产资金;
	绩效管理体系调整:成本控制暂时让位于按时供货。
风险管理	政府与监管方面的风险;
	债务和欺诈风险;
	媒体和公共形象风险;
	各种业务风险(财务、广告、制造、供应链等)。
问题轮胎召回的后勤处理	发现并确认有问题的轮胎;
	退货与替换;
	回收轮胎的销毁处理;
	发货与运输;

(续表)

财务处理；
发现并避免欺诈。

⇒ 完善危机管理体制

企业规模越大，危机造成的损失就越大，危机处理工作的难度也越大。因此，必须制定一整套全面、系统、可操作的危机管理制度和处理机制，以备不测之需。

对于现代企业来说，完善的危机管理体制包括以下四个关键方面：

● 制度化、系统化的危机管理组织和业务流程；
● 企业高层领导的重视和直接领导；
● 危机预警系统；
● 良好的信息系统支持。

下面就这四个因素展开论述。

1．制度化、系统化的危机管理组织和业务流程

人们通常认为，能解决企业经营过程中的各种棘手问题的人，就是优秀的管理者，其实这有待商榷。俗话说，"预防重于治疗"。能防患于未然之前，更胜于治乱于已成之后。由此可见，危机的预防者，优于危机的解决者。

所以，企业内部应该建立制度化、系统化的有关危机管理和灾难恢复方面的组织机构和业务流程。它们在业务正常时不起作用，但是危机发生时，能及时启动并有效运转，对危机的处理发挥重要作用。

温馨提示

危机管理小组是企业的常设机构，必须在危机发生前成立。否则，一旦

危机发生，每个人都手忙脚乱、毫无头绪，届时再成立就太晚了，而且也很难找到合适人员，甚至可能严重影响危机处理的效果。所以说，建立危机管理小组，可以提前储备力量。

危机的类型多种多样，一个有效的危机管理小组，应该包括决策层负责人，以及企业各部门（如公关部、人事部、保卫部、财务部、技术部等）的主管或优秀人才，还可外聘公关专家，组成一个智囊团。除了干好本职工作外，他们还起着防范和预警企业危机的作用，一旦企业出现危机，就可以在高级管理人员的组织和协调下，起到快速处理危机的作用。该小组将负责危机预防管理的全部指导工作和大部分调查、分析、预测、防范等实际操作，并在危机来临时迅速转型为危机领导核心。

在业务流程方面，企业可以针对可能发生的危机进行流程"再造"。

例如，德勤咨询公司曾经协助北美一家大型汽车公司对90个业务流程进行危机相关分析，对其中的30个"至关重要"的业务流程就可能发生的重大危险进行重新设计，使这些流程不仅能满足企业正常运作时的要求，而且能够承受可能发生的一些重大危机，或者可以在危机时进行快速灾难恢复。

2．企业高层的重视与直接参与

无论是危机预防还是处理，企业高层的直接参与和领导是有效预防和解决危机的关键。如果管理人员意识不到这一点，一旦危机发生，很有可能会对企业造成灾难性的打击。

温馨提示

危机管理工作通常是跨部门、跨地域的，会对许多正常的业务流程和企业政策造成影响，还要求管理人员及时进行信息与资源的调拨分配。这种跨部门的工作是任何一个部门性管理人员都无法胜任的，而必须由能够支配协调各个部门的领导出面才能够解决问题。

因此，担任危机领导小组组长(或称为"首席危机官")的，一般应该是企业一把手，或者是具备足够决策权的高层领导。

这一点在中国表现得尤为突出。企业高层的不重视往往直接导致整个企业对危机麻木不仁、反应迟缓。这首先表现在企业缺乏良好的预防措施和手段，因而不能有效预防可能发生的危机；其次，危机发生时，企业各部门反应迟钝，延误时机。

如果没有企业高层领导的统一指挥协调，很难想象各部门如何能够做到口径一致、步调一致、协作支持并快速行动。

3．建立危机预警系统

危机预警系统就是运用一定的科学技术方法和手段，对企业生产经营过程中的变数进行分析，以及在可能发生危机的根源上设置预警信号，及时捕捉警讯，随时对企业的运行状态进行监测，对危害企业生存、发展的问题进行事先预测和分析，以达到防止和控制危机爆发的目的。

它主要包括三个方面的内容：

● **危机监测**。对可能引起危机的各种因素和危机的表象进行严密的监测，搜集有关企业危机发生的信息，及时掌握企业危机变化的第一手材料。

● **危机预测和预报**。对监测得到的信息进行鉴别、分类和分析，使其更条理、更突出地反映出危机的变化，对未来可能发生的危机类型及其危害程度作出估计，并在必要时发出危机警报。

● **危机预控**。企业应针对引发危机的可能性因素，采取应对措施和制定各种危机预案，以便有效地避免危机的发生，或尽量使危机的损失减到最小。

危机预警的各个部分都是相辅相成的，前一部分的工作是后一部分工作的前提和基础，企业不能忽视任何一项。

4. 建立完善的信息监测系统

危机的产生都有一个从"准备期"到"爆发期"的发展过程，也就是说，危机在发生前，一般都有或多或少的征兆，如果企业管理人员平时注重搜集各方面信息，对可能发生的危机进行监测，一旦危机发生，就能最大限度地减少危机造成的损害和影响，甚至避免危机的发生。

随着信息技术日益广泛地被应用于企业管理，良好的管理信息系统对企业危机管理的作用也日益明显。

作为预警机制的重要工具，信息系统能帮助企业在危机征兆出现早期，及时识别和发现危机，并快速果断地进行处理，从而防患于未然。在危机处理时，还可以帮助企业有效地诊断危机原因，及时汇总和传达相关信息，统一企业各部门口径并协调作业。

案例

中美史克公司在处理"PPA"风波上的做法十分出色，然而，它却缺乏足够的信息管理。

2003年3月关于"PPA"危害的研究报告已经问世，美国多数大制药公司积极采取措施，并于同年10月推出了不含"PPA"的感冒药品。

然而，美国的分公司——中美史克，居然到11月中旬才接到天津卫生局的通报，于是紧急刹车，全力推出新产品。

它在事先没有一点应对之策，这不能不说是企业的失算和缺乏信息导致的毫无预防措施。

现代企业与外界环境有着密切的联系，它不能孤立地存在。因此，要求企业建立高度灵敏、准确的信息监测系统，随时搜集各方面的信息，及时予以分析和处理，从而把隐患消灭在萌芽时期。一般来说，在预防危机方面，对信息的监测主要做好以下工作：

● 随时搜集公众对产品的反馈信息，一旦出现问题就应立即跟踪、调查并及时加以解决。

● 及时了解企业产品和服务在用户心中的形象，把握公众对企业的态度及变化趋势。

● 搜集和分析本企业内部的信息，进行自我诊断，找出薄弱环节，并采取应对措施。

● 随时掌握政策决策信息，研究和调整企业的发展战略和经营方针。

● 研究竞争对手的现状、实力、潜力及发展趋势，经常进行优势对比，做到知己知彼。

良好畅通的信息系统可以帮助企业作出正确的决策，避免猜测和谣言带来的不稳定，保证关键物资的充足供应，从而最大限度地减少危机造成的危害。

◇ 进行危机培训

任何企业的行为都是通过员工的行为来实现的，因而，有必要对企业员工进行危机管理知识培训，主要是培训员工防范和处理危机的能力。调查发现，有31.2%的企业没有对内部员工进行危机管理培训。

危机管理培训的目的与危机管理教育不同，它不仅在于进一步强化员工的危机意识，更重要的是让员工掌握危机管理知识，提高危机处理的技能，如沟通能力、合作能力等，以及面对危机的心理素质，从而提高整个企业的危机管理能力和水平。

企业应根据危机应变计划进行定期的培训和模拟训练。模拟训练包括心理训练、危机处理知识培训和危机处理基本功的演练等，见表3-3。

表3-3 危机管理培训

培训内容	危机常识及鉴别、监控方法； 危机管理策略：熟悉发生危机时企业内部的沟通系统和应急反应计划；

（续表）

	危机中的沟通：了解危机发生时，应该如何与客户、合作伙伴、媒体、政府等群体进行及时有效的沟通；
	危机管理典型案例：传授其他企业实际危机管理中的成功经验和失败教训。
培训事项	鉴定参与工作的员工所需的训练，使他们能胜任被指派的任务；
	列出所需提供的训练课程的名称、纲要和举办次数；
	指派专人负责统筹及跟进一切有关训练的事宜；
	设有训练记录以备查阅和分析。

其次，员工还应该能正确区分企业存在的各种潜在危机的形式，以及发生概率和危害大小，见表3-4。

表3-4 潜在危机的形式及危害

潜在危机发生的概率	最有可能发生且近期就可能发生的危机；
	最有可能发生但最近不会发生的危机；
	有可能发生的危机；
	几乎不会发生的危机。
潜在危机给企业带来的损害	会造成严重损害且控制困难的危机；
	会造成严重损害但能够有效控制的危机；
	会造成一般损害且容易控制的危机；
	损害轻微且易于控制的危机。
危机发生概率与损害大小	最可能发生且损害严重的危机；
	最可能发生但损害一般的危机；
	损害严重但发生概率不大的危机；
	损害小但较容易发生的危机；
	损害小且发生的可能也小的危机。

有了上面这张表，就可以对员工进行模拟危机训练了。定期的模拟训练不仅可以提高员工的快速反应能力，强化管理意识，还可以检测已经拟订的危机管理计划是否充实、可行。

模拟危机训练的意义就在于不仅有备无患，而且在灾难没有降临时，往往能更清醒、更容易地作出明智的选择。

例如，设计一个突发性状况来测试危机小组的应变能力。事前采取保密措施，让公司花半天到一天的时间来练习之后再检讨过程中有无疏漏。仿真演练可以让员工在面对危机时有经验可循，从而做到临危不乱、从容应变。

设计模拟训练时，应注意以下事项：

● 定期安排处理的演习，以熟悉既定的应变程序或危机管理计划；

● 列出演习的举行日期和次数；

● 建立机制来检讨演习过程，所得结论以作修订之用；

● 演习需要动员企业各层员工都参与；

● 视实际情况的需要，可以考虑邀请政府有关部门或其他机构组织参与演习。

事中管理——快速反应，在黑暗中寻找光明

对那些素来以诚信自律为准则的企业而言，危机并不可怕。它既是危险又是机会，只要处置得当，在第一现场、第一时间把事情掌握在可以控制的范围内，危机就可以转化为胜机。

套用一句俗语就是："兵来将挡，水来土掩。"危机事件一般都出乎预料，舆论影响较大，时间比较紧急，处理起来比较棘手。作为企业的管理人员和公关部门，在处理危机事件时一定要快速反应，永远站在危机的第一线。

➯ 监测与报告

危机一旦爆发，企业应在最短的时间内，针对事件的起因及其趋向进行监测，并对其影响（显性的和隐性的）作出评估报告。

1．危机监测

信息是影响危机管理成效的关键性因素。危机发生后，信息的不完全、不及时、不准确，会给危机管理者带来巨大的决策压力。

因此，要准确地识别危机，最为重要的就是针对危机相关的各种信息进行系统扫描，分析对危机形态产生影响的关键因素，发现其中的核心问题及隐藏在问题表象背后的本质原因，提出危机公关建议案，辅助危机管理者决策判断。

危机监测是识别危机状态的"眼睛"，辅助决策判断的"参谋"。它表现在危机管理的各个时刻，并贯穿始终，向企业反映危机前线的情报和战果，详细可参见图3-2。

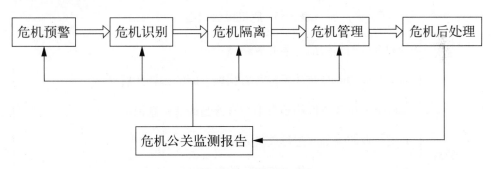

图3-2　危机监测过程

危机监测可以在公司进入危机时刻，提供全方位的一线信息和数据，以及危机公关建议方案，以求最快把握危机公关核心重点。另外，还可以观测竞争对手品牌的运行状态。

企业需要重点做好以下信息的收集与监测：

● **随时收集公众对产品的反馈信息。**一旦出现某一方面的问题，立即跟踪调查并加以解决。

● **掌握政策决策信息。** 如有关法规、条令的颁布，研究和调整企业的发展战略和经营方针。

● **了解企业产品和服务在顾客心目中的形象信息。** 包括质量、价格、服务、改进建议等。

● **研究竞争对手的情况。** 包括现状、实力、潜力及策略发展趋势，经常进行优劣对比，做到知己知彼。

● **搜集和分析本企业内部的信息。** 进行自我诊断和评价，找出薄弱环节，采取相应措施。

2．危机报告

组织应追踪危机并将所得的情报向危机管理部门报告，使其能够掌握可靠的讯息，以便对危机情境作出评估，并决定所采取的应对步骤。

优秀的危机报告应给组织中不同级别的成员，包括董事会、管理层和员工，提供不同的信息（见表3-5）。

表3-5　危机报告内容

董事会	知道企业面临的最主要的战略风险； 知道企业实际经营效果与各方预期之间的差异及后果； 确保企业里各级机构及员工都有恰当的危机意识； 知道企业应当如何进行危机处理； 意识到股东对企业信心与信任的重要性； 知道如何管理与投资机构的沟通； 知道危机管理系统是否在有效运行； 公布企业的危机管理政策、哲学和使命。
管理层	知道各自工作范围内的主要危机，针对危机对工作业绩的影响设立明确的运营指标，以定期考察实际经营效果；

(续表)

	分析与预期之间的差异,并提供改进建议; 向高级管理层随时或定期汇报新出现的危机,或当前体制中存在着的危机控制瑕疵。
员工	了解企业危机管理系统的基本要求; 了解自己工作职责内的主要危机形式; 知道应当如何持续改进其各自工作范围内的危机管理; 意识到个人危机管理和危机感意识对企业的重要性; 向上级管理层随时或定期汇报新出现的危机,或当前体制中存在着的危机控制瑕疵。

⇨ 危机控制

危机发生后,企业往往会面临来自各方的压力:受害者的指责、媒体的围攻诘难、上级部门的追查及社会公众的关注等。怎样走出社会舆论和公众的对立面?答案是,必须变被动挨打为主动出击危机控制过程见图3-3。

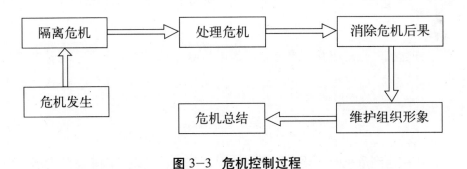

图3-3 危机控制过程

1. 隔离危机

在危机事件发生后,首先应该立即采取一切可能的隔离措施,将危机控制在可能控制的范围之内,切断一切使危机得以蔓延的途径。比如,救援抢险、停止出售,并通知公众停止使用某类不合格产品等。此举的目的只有一个,就是不让危害因素继续蔓延。

其次，任命危机控制和检查专案小组，使企业面对危机时，有一个强有力的指挥核心，第一时间了解事件相关信息，包括新闻媒介、受害公众、社会团体、政府部门的反应以及内部员工情绪等。随后，汇总、处理并发布相关信息，对不实、有害的传闻进行纠正，控制舆论导向。

管理人员应该认识到：组织是一个整体，各部分之间联系紧密，如果只是急于平息危机而不先隔离危机，危机就有可能失去控制，造成更大的灾难。因此，隔离危机是控制、转化、拯救危机的前提。

2. 处理危机

其实，公众对企业的预期并不高，以至于公司在做一件本应当做的事情时，却可能受到热情洋溢的称赞。

危机发生后，由于会迅速扩张，因此处理危机要当机立断，及时找出危机的症结，对症下药，力求在较短的时间内，使危机得以控制与解决。

面临危机时，一方面，要坚持不懈，排除万难，另一方面，还要有透过危机看到"良机"的眼力。注意努力取得内外公众的支持、谅解、合作，形成处理危机的合力效应。

企业在遇到危机时，要立即调查情况，制定计划以控制事态的发展。在处理危机时，首先应组织有关人员，尤其是专家参与，成立危机处理小组，对危机的状况做一个全面的分析：

- 危机产生的原因是什么？
- 发展状况及趋势如何？
- 受影响的公众有哪些？

- 谁是危机的直接受害者、间接受害者和潜在受影响者？
- 具体受影响的程度如何？
- 他们可能希望通过什么方式予以解决？
- 危机信息对外扩散的发布渠道和范围是怎样的？

这些问题必须弄清楚，因为这将是企业采取补救措施的直接依据。找到这些依据之后，就可以据此来制定相应的对策。

处理危机时要实事求是，不能推诿塞责；以公众利益为重，珍惜企业形象；量力而行，对无法挽救的损失要敢于承担责任，态度诚恳；确保企业在处理危机时，有一系列对社会负责的行为，以增强社会对企业的信任度。

其实，危机在给企业带来危害的同时，也带来了新的机会。企业在进行危机控制时，要注意总结经验教训，力求寻找出能弥补部分损失和纠正混乱的机会。把握危机带来的机会，从危机中获利。

肯德基如何化危机为商机

2004年初，禽流感闹得沸沸扬扬。作为主要提供鸡肉产品的肯德基，受到禽流感的不良影响。但是，肯德基却迅速化解了这场危机。

危机到来时，肯德基首先启动了危机应急处理机制，其中国各区的负责人，于2月初紧急集中召开新闻发布会，详细介绍了中国市场的鸡肉供应体系是如何层层把关的。

广东区市场经理崔焕铭，在广州维多利广场首层的肯德基店内举行了危机公关，就其安全的鸡肉供应体系作了长达半个多小时的介绍，并向全社会庄严承诺：肯德基有完善的系统与措施，有信心、有把握为消费者把好安全关。

有消费者说："听完介绍，看完幻灯片，明白了肯德基鸡肉产品是如何系统把关的，我们觉得可以放心吃炸鸡了。"

肯德基把本来是危机的事故,通过与媒体的对话和主动沟通,消除了消费者的疑虑,成功地化危机为商机。通过有效的危机处理手段,肯德基在禽流感事件中,不但没有受到重创,反而赢得卫生、安全的美誉。

3. 消除危机后果

危机往往会给企业带来相当大的负面影响,甚至会留下一定的"后遗症"。为此,管理人员应将消除危机造成的"后遗症",作为矫正性公关策划中的一项重要内容加以研究,从物质、心理等方面,拟订方案,采取措施,消除危机造成的负面影响。

◇ 加强沟通

危机发生后,将对企业形象造成极大的损害,因此,在处理危机时,要始终把企业的形象放在重要位置,危机处理的过程也是形象的再建设过程。为此,要及时提出维护公众利益、寻求公众谅解的实际措施;要与新闻媒介保持密切的联系,争取他们的合作。

危机事件的发生,对不同的公众产生的影响也不同。因此,企业首先要确定危机处理涉及哪些公众,然后对症下药,针对不同的公众,根据其心理和行为特点、受影响的不同程度,采取不同的应对措施。

这里,我们主要讨论企业与员工、受害者、顾客和媒体的沟通。

1. 与内部员工的沟通

在企业的所有内外部公众中,员工是最复杂也是最敏感的。得到员工的支持是克服危机的关键,否则,一旦后院起火,就无异于火上浇油。

当企业面临突发事件时,应尽快制定针对内部员工的对策,加强与他们的沟通。那么管理人员应该如何做好员工的工作呢?

● 在危机发生后尽快和员工沟通,稳定军心,以免耽误了危机以外领域的正常工作。
- 清晰地陈述核心信息并加以强化。
- 在你认为适当的基础上，尽可能多地向他们传达有关信息。
- 如果你认为员工想要知道你认为是机密的事，就解释一下为什么不能讨论这些事。
- 传达一些能够导致重要决策的因素。
- 如果你要宣布一个困难的决定，像裁员或关闭工厂，应该用一种公平和体恤的方式。
- 要为员工提供更多的机会来提问、反馈、提建议和表达看法。
- 用你希望被对待的方式对待员工，设身处地地想员工之所想。
- 确保所有的员工基本上能同时得知所有重要的信息。
- 用适当的方式和他们沟通。
- 使用合适的、有效率的发言人，统一企业内部口径。
- 告诉员工你会随着事情的发展，不断传达最新的信息，你一定要信守诺言。
- 给他们打个"开始行动的电话"。

2．与受害者的沟通

受害者是危机处理的第一公众对象，企业应认真制定针对受害者的切实可行的应对措施。企业一定要及时、真诚地与受害者进行沟通，给他们以安慰，倾听他们的意见，并尽量满足他们的要求。

- **设专人与受害者接触**。通常应指派专门的亲属联络小组，及时、热情、诚恳地与受害者沟通，了解他们的想法，尽量满足他们的要求。
- **确定关于责任方面的承诺内容与方式**。了解到受害者的想法后，制定相应的损失赔偿方案，包括补偿方法与标准；对于个别人的不合理要求，社会公众一般也不会支持，但企业要注意态度不宜过分强硬，使人觉得不近人情。
- **制定善后工作方案**。公开向受害者致歉并安慰受害者；对不合格产品引起的恶性事故，要立即收回不合格产品，组织检修或检查，停止销售，追查原因，改进工作。

3．与顾客的沟通

顾客对于企业的重要性不言而喻，但企业发生危机时，把顾客放在怎样一个位置上，却不是每一个企业都清楚的。很多企业认为不能让顾客知道企业的危机，否则就可能失去这些顾客。这是不对的。

首先，你不可能阻止顾客对危机的了解，除了企业自身外，他们可以从媒体、供应商，甚至你的竞争对手那里获得危机信息，那样的话，顾客知道的信息是不规范的，甚至是错误的。而且顾客会认为企业不重视他们，同时也会认为企业不负责任，这些对企业都是有害无益的。

相反，如果顾客能从企业获得有关危机的信息，不仅表现了对顾客的尊重，还会有意识地引导顾客少受流言蜚语的影响。当然，没必要把所有危机信息都告诉顾客，但至少应该就顾客关心的核心部分与之进行沟通。这些内容包括：

- 危机是什么？
- 危机是如何发生的？
- 哪些是企业的原因？哪些是客观原因？
- 危机对顾客有哪些影响？
- 危机对企业有哪些影响？
- 企业已经或打算采取哪些措施处理危机，以保护顾客的利益？

与顾客沟通时，还要清楚地表达：企业十分感谢顾客以往的支持，并希望继续得到他们的支持。与顾客沟通的方式有很多种，企业可以专门开设顾客热线来解答顾客的疑问。

4．与媒体的沟通

媒体在危机中起着"成也萧何，败也萧何"的作用。与媒体的沟通，是危机处理的重要任务，企业一定要善加利用。

首先，企业必须明白，媒体对企业发生的危机永远都是感兴趣的，危机发生后，试图躲避媒体的行为只能是自欺欺人。与媒体沟通的好坏，在一定程度上将影响着危机的化解。

企业应该做的是，加强与媒体的沟通工作，把握主动权，以企业为第一消息发布源，及时安排准确的信息披露，向媒体提供关于危机的最新消息，借其告诉大众危机的真相，以进行有效的舆论引导，避免媒体的错误导向。具体对策包括：

● **在媒体面前要诚实，要敢于承认错误**。对于媒体上不利于企业的报道，应以负责任的态度对待，实行"鸵鸟政策"或试图阻止公众知晓，都是不可取的。

● **要充分尊重媒体**。记者也是人，他们也需要受到尊重。一旦记者感觉得到了尊重，他们也会同普通人一样有同情心，在报道时，也许会少些刻薄，多些宽容。

● **随时与媒体保持联系**。及时通报危机事件的调查和处理方面的动态信息。通过媒体不断提供公众所关心的消息，如善后处理、补偿办法等。

● **正确对待媒体的不利报道和"逆意"记者**。报纸披露武汉一家麦当劳店"黑油外流"事件后，该店不是及时从正面应对此事，而是派出员工到各报摊上把当期报纸买断，结果引起公众更大的反感。

● **正确处理媒体的不实报道**。当媒体发表不符合事实的报道时，要尽快提出更正要求，指出不实之处，并提供真实材料表明立场，但要注意避免公众产生对立情绪。

● **对所有媒体要口径一致**。不同媒体报道的不同内容会带来令人烦恼的争论和猜疑。企业应建立媒体事务处理小组，并指派新闻发言人作为公司对外发布信息的唯一代表。

很多危机，如果没有媒体的传播，可能就不会成为真正的危机。比如，三株的常德事件官司，本来只是几十万元的赔偿，却因为在全国范围的广为传播，闹得渠道商和消费者纷纷退货索赔，一下使三株陷入困境。所以说，出现危机时，与媒体的沟通至关重要。

> **案例**
>
> 2003年3月19日，辽宁省海城市兴海管理区所属8所小学的3 936名学生集体饮用了由鞍山市宝润乳业有限公司生产的"高乳营养学生豆奶"。
>
> 自上午10点20分开始，部分学生陆续出现了腹痛、头晕、恶心等症状。据当地政府的统计，截至4月11日，共有2 500多名学生因饮用豆奶引发不同程度的不良反应，此间已有一名女生死亡。
>
> 对于该事件，海城市政府、教委及卫生主管部门采取的沟通策略是：
>
> 对上级主管部门"缓报"：事发19天后才上报到卫生部。这在很大程度上，为后期的事件处理增加了难度。
>
> 对于家长，始终不告知实情，直到事发后17天才"对话"，致使广大家长对政府不信任。
>
> 对于媒体记者，能回避就回避。在这起意外中毒事件发生后，当地政府对于来访的全国各大媒体记者，采取的是"躲避"+"闭口"的对策。

及时、有效的沟通是危机处理的重要策略，这应该是海城地方政府在学生豆奶事件中以丧失政府信任为代价换来的沉痛教训。

事后管理——善始善终，转危为安

事后管理是整个危机管理的最后环节。一个危机事件结束后，企业又将进入新的危机预防阶段，事后管理就是要把已经发生过的危机事件中所暴露出的不足和处理危机过程中成功的经验加以总结，评估工作、教育员工、加强危机管理意识，借以提高企业的防危、抗危能力。

从这个意义上讲，危机预防、处理和善后是一个循环往复、总结提高的过程，是企业发展过程中永远没有终点的任务。

除通过具体措施继续关注、关心和安抚公众和相关利益群体，做好恢复和提升企业形象的事后管理外，它应该对危机发生的原因、相关预防和处理的全部措施进行系统的调查，对危机管理工作进行科学、全面的评价。

◇ 危机后的恢复工作

当危机基本得到控制时，企业应不失时机地将危机处理的重点转向危机恢复工作，尽快使企业从危机中恢复过来而进入正常状态。

1．危机带来的影响

正所谓正本清源，危机暴露出了企业存在的众多弊病、缺点和问题。而这一系列问题是在危机爆发前就存在于企业当中的，危机过后的第一任务就是找到问题的本源，从根本上解决问题，避免企业犯下同样的错误。

从另一个角度来讲，危机的巨大破坏性，使得无论是在物质上，还是在人的心理上，不可避免地对企业造成了冲击。这一系列的问题，可能会在危机结束后的很长一段时间内长期存在。

危机过后，对危机爆发原因的研究与怎么才能恢复正常经营秩序的研究，共同构成了危机事后管理的第二个恢复。

2．危机后的恢复步骤

（1）建立危机恢复小组

危机恢复小组的主要职能是进行危机恢复决策。小组成员主要包括：负责企业正常运作的领导、各部门主管、必要的技术人员和部分危机处理人员。

(2) 进行危机损失的调查、评估和归纳

企业应对引发危机的成因、预防和处理措施的执行情况进行系统的调查分析，为危机恢复提供决策依据。

对企业来说，危机可能会造成两方面的损害，即有形损害和无形伤害。

● **有形损害**。即危机所造成的企业在物资、人力、财力上的损坏，比如火灾，可能会对企业的厂房、设备或是员工的身体造成伤害，统称为有形损害。

● **有形损害的恢复**。在物资上，对设施进行重建、更新；在人力上，对危机过程中发生的人员伤亡，组织好医疗工作和对伤者家属的抚恤工作，并充分满足员工家属的愿望。

● **无形伤害**。包括企业形象的破坏、员工心理上受到的伤害等。这类伤害的恢复较为困难。

● **无形伤害的恢复**。比如企业形象的恢复：把公众利益放在第一位；善待受害者；争取新闻界的理解和合作。

此外，要对危机管理工作进行全面的评价，包括对预警系统的组织和工作程序、危机处理计划、危机决策等各方面的评价，要详尽地列出危机管理工作中存在的各种问题。

(3) 进行危机恢复决策

企业应根据对危机损失的全面认识，确定危机恢复的目的、恢复的对象（包括所有潜在对象）及其重要性排序，进行危机恢复决策。

危机恢复的重要目的之一，就是要抓住危机带来的机会，使企业获得新的发展。比如：

● 借机裁减冗员，调整组织机构，实现企业变革。这时，变革的阻力和成本会比正常状态下小得多。

● 企业内部的团结空前增强，为企业解决一些重大和困难的问题创造了机会。

● 危机的巨大冲击会迫使人们进行自我反省，深刻思考企业存在的问题和薄弱环节，从沉重的危机代价中获得许多有益的教训和启示，从而变坏事为好事。

● 危机的妥善处理将充分体现企业的综合素质和实力，企业知名度和美誉度得到大大提升，由此带来的无形资产的增值，有时甚至远远超过危机造成的损失。

● 抓住大范围行业危机带来的生产要素和市场重组的机会，从中获得意外的发展或为新的崛起创造条件。如在 SARS 疫情中一些餐饮企业"反弹琵琶"，招聘经营骨干、收购经营门店等，就是一种有远见之举。

对危机涉及的各种问题综合归类，分别提出修正措施，改进企业的经营管理工作，并责成有关部门逐项落实，完善危机管理内容，并以此教育员工，警示同行。

(4) 制定危机恢复计划

该计划以在日常危机管理中制定的危机应对计划为参考，结合危机损失的实际进行补充修订而成。

计划内容包括：危机恢复对象及其重要性排序，各种危机恢复对象的财务预算、资源分配和人员配置，危机恢复中的权责划分、协调沟通、激励和保密措施等。

(5) 全面展开危机恢复行动

危机过去之后，留下的是利益的减少、设施的损坏、损害赔偿的支付、人才的耗损、企业声誉和良好形象的恶化等损失。为了消除危机的消极影响，企业应在危机恢复计划指导下，由各职能部门和各级组织全面展开危机恢复行动。工作重点为下面各项：

● **恢复企业声誉和形象**。继续关注、关心危机受害人及其亲属。比如为表明企业的态度，以企业或领导的名义写道歉信，送交受害各方。进一步表明企业或组织重建的决心或信心，并期望得到对方的支持和帮助。

● **继续强化教育员工**。建立"预防就是一切"的危机管理意识。

● **重新开始宣传广告**。进入危机善后工作阶段后，将危机期间停止播放的一些常规广告，视需要重新刊登，目的在于将决心和期待传达给有关公众。

● **适当开展一些公益或社区活动。**强化企业或组织在公众心目中的社会责任，造福一方，获得持久的支持和认可，树立新的良好的形象，获得更好的声誉。

◇ 危机后的再创业

危机既可给企业带来损失，也可以给企业带来启示和机遇。从危机中得到的教训往往是深刻的，而从危机中获得的经验也往往是非常宝贵的。

危机过后，企业如果能够吸取经验和教训，从危机中发现自身弊端，看到应该改进的地方，采取措施为今后的发展扫除障碍，重新审视企业的战略，那就可以从挫折中重新站起来，实现二次创业。具体做法有：

1．重塑企业形象

企业在经历一场危机之后，通常都会留下一些后遗症。要进行危机后的再次创业，首先就是要重塑企业形象。只有当企业形象得到恢复甚至提升，才谈得上转"危"为"安"。

企业形象的基础，是它自身良好的社会行为。因此，危机中重塑企业形象的根本之策，便是以对社会高度负责的态度，积极地做好工作，以获得社会各阶层的好评。主要可从以下四个方面进行努力：

● 让危机的受害者或家属得到最大的安慰；
● 让利益受损者重新树立对企业的信心；
● 让观望怀疑者重新成为企业的真诚合作者；
● 更多地获得新的关心者和支持者。

2．转换经营战略

危机的爆发大多数是出于企业内部存在不足，如果要重新崛起，就要改变策略。制定策略时要重点考虑以下几个因素：

● **紧跟市场发展的步伐**。企业要及时进行市场调研，全面了解市场对产品的需要、对价格的敏感度、竞争对手的情况等资料。以消费者的需要为准绳，开发出新的适销对路的产品，提供使消费者满意的个性化、多样化的服务。

● **制定适当的发展目标**。俗话说：万丈高楼平地起。适当的目标就是要控制企业的发展速度，争取稳步发展扩大。切不可因为贪大，而忽略了企业的承受能力。要知道过高的目标只会让企业摔倒，而且难以爬起来。

● **协调管理**。企业的各种资源、各个部门都要协调整合起来，以防"只见树木，不见森林"。要注重局部优化，更要注重整体均衡。争取以尽可能低的成本实现既定的目标。追求各种功能的整合效应，使企业的效益最大化，就是要实现"1＋1＞2"的协作效应。

3．进行制度创新

通过对危机管理的评价工作，改善各项制度中不适宜企业发展的地方，为企业的发展提供制度上的保障。要保证各项制度不光是书面上的形式，而且要真正地贯彻执行。

主要可从以下方面进行考虑：

● **人事调整**。危机是检验员工和各级管理者能力对企业忠诚度的试金石，通过危机能够找到调整人事的新依据。而且，平时不便做的人事调整，此时来说也是一个契机。

● **组织机构调整**。通过危机能够发现企业组织机构哪些是合理的，哪些是不合理的，然后作出相应的调整。

● **供应商和分销商的调整**。危难时刻才能检验谁是真正的朋友，因此要对那些靠不住的供应商和分销渠道作出调整。

此外，还有产品结构调整和战略调整等。

⇨ 评价危机管理的效果

危机管理效果评估的主要目的是恢复企业形象，完善危机管理制度，提高组织对危机的应急能力和恢复力，防止同类危机再次发生。

那么企业要如何评价危机管理的效果呢？我们可以采用以下几个因素来衡量：

1. 评价危机管理效果的一般依据

● **在事件发生以后，危机是否仍受到媒体的关注**。危机会吸引媒体和公众的目光，使企业成为公众关注的焦点。危机的来龙去脉，都是媒体聚焦、争相报道的地方。如果媒体不再特别关注，不再对企业的现状继续报道，通常表明危机已平息，危机管理收到了很好的效果。

企业可以从新闻媒体中获得有关对公司危机的报道。

● **公司的声誉和信用是否受到损害**。企业的一举一动都会被公众看在眼里，危机管理效果好，就能获得消费者的好评，企业的美誉度也会再次提升。但如果在危机管理中采取措施不力、表现不佳或者不负责任。那么，消费者对企业的评价就会大打折扣，声誉也会因此受到损害。

企业可以通过向公司内外部公众进行问卷调查，进一步了解公众对企业的想法和建议。

因此，企业在公众心目中的形象和声誉是否能够恢复、再造，也是评价危机管理工作的一个重要因素。

● **危机发生前后公司股票的价格情况**。危机发生后，企业的信誉将受到影响，并波及投资者的支持度，甚至影响股票的价格。危机管理就是要重塑企业的形象，使企业恢复到发生危机前的状态中。因而，股价是否上升是衡量危机管理效果好坏的一个重要指标。

● **公司的销售、利润和生产力是否受到影响**。危机会直接导致销售收入减少，因而，销量是否增加，利润是否上涨，市场占有率是否回升，都可用来衡量危机管理的效果。管理得好，销量就会反弹，产品会重新受到消费者的欢迎；而管理得不好，在消费者心目中的形象就不能重新塑造起来，销量自然就难以恢复到原有水平。

2. 对危机管理基础工作进行评价

危机管理基础工作贯穿于整个危机管理过程中，包括沟通、媒体管理、形象管理、组织机构设置、资源配置等五个方面的内容。危机管理基础工作的评价，就是围绕这几个方面来展开的：

(1) 沟通过程的评价

沟通是危机管理工作中的重要环节之一。对沟通过程的评价主要是看沟通是否顺畅。

具体来讲，应从两个方面进行评价：

● **对内部沟通的评价**。主要看是否稳定了员工的情绪；企业内部是否存在冲突；内部凝聚力是否减弱。

● **对外部沟通的评价**。主要看受害者或其亲属是否认可；消费者是否满意；与新闻媒体的沟通是否取得了应有的效果。

另外，评价工作需要查明整个沟通过程中哪一环节出现了问题，应如何改进。

(2) 媒体管理的评价

主要表现在以下几个方面：

● 平时是否与媒体保持密切的联系，所选择的联络方式是否适当；

● 是否通过媒体及时传递了准确、合理的信息；

● 是否与媒体存在冲突；

● 媒体管理部门是否有效地履行了其工作职责；

● 新闻发言人是否合格，还需要进行哪些方面的培训。

(3) 形象管理的评价

主要是看广告宣传活动是否到位，是否收到了良好的效果；策划的公关活动是否实现了预期的效应;是否在公众心目中重新树立了良好的企业形象。

(4) 组织机构设置的评价

这主要是看组织机构设置是否合理;是否存在机构臃肿的现象;是否能使组织尽早发现并应对危机,达到预期的目的。

(5) 资源配置状况的评价

主要包括人力、物力、财力的配置。即在危机管理中,人员分配是否合理;所需的资源是否足够;各部门资源的分配是否合理等,资源上的支持是危机管理工作的重要保障。

3. 对危机事件管理工作的评价

危机事件管理是指危机发生后,有针对性地采取一系列具体措施,恢复企业形象的过程。目的是消除危机带来的损害,使企业获得新的发展。

危机事件管理主要是针对某一危机事件采取的管理措施,这也是它与危机管理基础工作的不同之处。主要包括对危机的预防、识别、确认及处理。

对危机事件管理工作的评价大致包括以下一些主要内容,见表3-6。

表3-6 危机事件管理工作的评价

评价的角度	评价的内容
对危机预防的评价	企业能否有效地阻止和延缓危机的爆发; 能否减少危机可能造成的损失。
对危机识别的评价	企业能否在危机征兆出现之前,很快地识别它; 预警工作是否有效; 预控措施是否得当。
对危机确认的评价	企业能否正确地将危机定性; 能否对危机作出迅速反应。

(续表)

评价的角度	评价的内容
对危机处理的评价	摆脱危机所采取的措施是否有效； 是否能避免不必要的损失； 能否很快地恢复企业的良好形象。
对组织保障的评价	危机管理中资源配置是否合理； 能否及时、有效地将所需资源输送到指定地点。

总之，通过对以上几个因素的了解与衡量，再将各种因素的评价结果综合起来，就可以知道危机管理效果的好坏了。

◇ 将评价结果运用于实践

实践是检验真理的唯一标准。危机评价的最终目的就是为了应用，只有将危机管理评价的结果应用于危机管理实践，才能产生事半功倍的效果。

危机并不等同于企业失败，只要善于总结危机评价效果，并把效果运用于实践中，那么危机也能转化为商机。

危机管理评价结果的应用，主要表现在以下几个方面：

1．教育和培训员工

企业可以通过危机管理评价的结果，对员工进行教育和培训，增强员工的危机意识，使员工时刻警觉身边存在的危机，始终保持较强的心理承受能力和应变能力。

2．完善危机管理体系

针对危机管理评价过程中发现的问题，对企业组织机构及管理制度方面存在的不足进行改革。尤其是要改变机构臃肿、工作调配不当的现象。

必要时，重新设计企业的组织机构，调整管理团队或修改管理制度，彻底解决企业组织机构与制度方面存在的问题，并将取得的经验进行推广。

3．改进企业的沟通和媒体管理工作

根据对危机管理中沟通工作的评价，有针对性地改善今后的工作。强化组织内部的信息收集、沟通和反馈渠道，增强信息收集处理能力，避免因信息沟通不畅而再次引发危机事件。

要主动搞好与媒体、政府及其他社会公众的关系，加强与他们的联络和沟通，争取获得更广泛的支持。

4．改进危机应对计划和防控措施

利用评价的结果，找出不能及时发现危机的原因，进而加强预警工作，预先制定完善的防范计划，争取把危机消除在萌芽阶段，或者在最初阶段就对危机加以控制，防止危机蔓延并造成连锁反应。

5．改进企业资源储备和后勤保障工作

资源的合理配置，是企业进行危机后续工作的有效保障。所以，无论在什么时候，一定不要忘了采取一定的保护措施，确保人力、物力、财力的正确调配。

总之，只有将危机管理评价结果应用于实践，才能真正起到评价的作用，改善企业的管理工作。

温馨提示

要提醒管理人员的是，除了本企业的危机管理评价外，优秀的管理人员还要善于从非本企业的危机案例中汲取营养，丰富自身的危机管理知识和技能，提高自身的危机管理水平。

建设企业的危机管理系统，把前期预防、中期处理、后期追踪相结合，形成有组织、有政策、有程序、有网络、有资源保证的危机管理体系。这样，在面临危机时才能做到处变不惊、游刃有余。

毫不夸张地说，危机对于企业来说时刻存在，随时都有可能发生，因此不善于危机管理的企业将有可能陷入被动。所以，建立完整的危机预警系统和应急管理系统对企业来说是非常迫切的，也是非常必要的。

后 记

本丛书能够顺利出版，得到了各界人士的鼎力支持。

首先，本丛书在撰写的过程中，得到了我的好朋友北京师范大学国际特许经营学院刘文献院长、王学思副院长、侯吉健教授，北京大学出版社副社长张文定老师、经管部主任林君秀老师、策划编辑张静波老师，博雅光华公司的文钊老师、胡圣云老师等大力支持与指导，谨向他们表示最真挚的感谢！

同时还要感谢张果宁、王炳强、龚振波、陈忠伟、李姗姗、范利新、彭春芳、汤艾菲、黄继业、刘少芝、林丽梅、何丽秋、叶艺明、张雄、邓熙、李依军、叶伟驱、林月好、黄细娥、彭先博等好朋友的协助，以及给予这套丛书帮助的所有人。

本书作者在撰写过程中参考与引用了国内外相关资料，在此一并致以谢意。

由于时间仓促，加之我们能力所限，尽管我们付出了很大的努力，但不足之处在所难免，敬请广大读者批评指正。

笔 者
2005 年 9 月

十项全能训练丛书

▶ 销售人员十项全能训练

肖建中 著

定价：35.00 元

书号：ISBN 7-301-09510-4/F·1178

内容简介：本书从专业的角度将销售人员的基本功、必备技能和卓越提升三大方面，系统地归纳为销售人员应当修炼的"十项全能"，对希望创造高绩效的销售人员和力图培育卓越销售团队的经理们而言，这是一本实用性极强的训练与操作手册，也是您实现自我提升与超越必不可少的案头枕边书。

▶ 服务人员十项全能训练

肖建中 著

定价：32.00 元

书号：ISBN 7-301-09512-0/F·1180

内容简介：本书由实战经验丰富的专家肖建中先生撰写，归纳提炼出服务人员基本功、必备技能与卓越提升三大内容，包括从心态修炼到礼仪修养，从接待顾客的热情微笑、聆听、提问、赞美到顾客的异议和突发事件的处理等十项技能，既可以用于服务人员自我提升，又是服务人员培训、辅导不可多得的教练指南。

▶ 导购营业员十项全能训练

肖建中 著

定价：36.00 元

书号：ISBN 7-301-09511-2/F·1179

内容简介：本书由终端实战经验丰富的专家肖建中先生撰写，归纳提炼出导购营业员基本功、必备技能与卓越提升三大内容，包括卖场陈列、商品推介、异议处理及交易促成等十项技能，既是导购营业员自学提升的实用宝典，也是企业及主管对其进行培训、辅导不可多得的教练指南。

▶ 管理人员十项全能训练 I

肖建中 著

定价：36.00 元

书号：ISBN 7-301-09710-7/F·1224

内容简介：本书由著名培训专家肖建中先生所著，主要针对企业主管、经理的实际工作需要，提炼出时间管理、有效沟通、绩效管理、高效会议、冲突管理、团队建设、员工激励、情绪管理、危机应变等十项技能。主要特色有：大量富于启发性的案例；可直接操作的实战技巧；完备的工作流程；生动的语言与活泼的版式。

▶ 管理人员十项全能训练Ⅱ

肖建中　著

定价：35.00 元

书号：ISBN 7-301-09717-4/F·1226

内容简介：本书由著名培训专家肖建中先生所著，主要针对企业主管、经理的实际工作需要，提炼出时间管理、有效沟通、绩效管理、高效会议、冲突管理、团队建设、员工激励、情绪管理、危机应变等十项技能。主要特色有：大量富于启发性的案例；可直接操作的实战技巧；完备的工作流程；生动的语言与活泼的版式。

▶ 管理人员十项全能训练Ⅲ

肖建中　著

定价：29.00 元

书号：ISBN 7-301-09718-2/F·1227

内容简介：本书由著名培训专家肖建中先生所著，主要针对企业主管、经理的实际工作需要，提炼出时间管理、有效沟通、绩效管理、高效会议、冲突管理、团队建设、员工激励、情绪管理、危机应变等十项技能。主要特色有：大量富于启发性的案例；可直接操作的实战技巧；完备的工作流程；生动的语言与活泼的版式。

▶ 代理加盟商十项全能训练

肖建中　著

定价：45.00 元

书号：ISBN 7-301-09711-5/F·1225

内容简介：本书由著名培训专家肖建中先生所著，是我国第一本针对代理加盟商的实用图书。本书从代理加盟商自我修炼的角度出发，提炼出十项技能：挑选行业与品牌、厂商合作关系、货品管理、终端维护、促销推广、打造团队、拓展招商、渠道管理、领导艺术等。文中配有大量富于启发性的案例，语言和版式生动活泼，可操作性极强。